名师名校名校长

凝聚名师共识
回应名师关怀
打造名师品牌
培育名师群体

程红兵题

自主的风景

——「四自」德育让成长更有力量

胡昳　陈　怡　刘显平◎主编

西安出版社

图书在版编目（CIP）数据

自主的风景："四自"德育让成长更有力量 / 胡昳,
陈怡, 刘显平主编. -- 西安 : 西安出版社, 2024. 12.

ISBN 978-7-5541-8092-1

Ⅰ. G631

中国国家版本馆CIP数据核字第2025GU8254号

自主的风景："四自"德育让成长更有力量

ZIZHU DE FENGJING SIZI DEYU RANG CHENGZHANG GENG YOU LILIANG

出版发行：	西安出版社
社　　址：	西安市曲江新区雁南五路 1868 号影视演艺大厦 11 层
电　　话：	（029）85264440
邮政编码：	710061
印　　刷：	北京政采印刷服务有限公司
开　　本：	710mm×1000mm　1 / 16
印　　张：	15.5
字　　数：	216千字
版　　次：	2024 年 12 月第 1 版
印　　次：	2025 年 2 月第 1 次印刷
书　　号：	ISBN 978-7-5541-8092-1
定　　价：	58.00 元

编 委 会

主　编：胡　昳　陈　怡　刘显平

副主编：杨雪芹　陈　露　田　静

编　委：康　琳　朱守灯　陈俊嘉　周荧荧

　　　　何妍倪　黄　鑫　李美琪　陶静雨

　　　　卢宏伟　冯跃帮

序言

　　国务院办公厅发布的《关于新时代推进普通高中育人方式改革的指导意见》明确要求"突出德育时代性""拓宽综合实践渠道""强化综合素质培养""加强学生发展指导"，并指明了"价值育人、实践育人、统整育人、适性育人"的普通高中育人方式改革方向。2022年，教育部等十部门印发《全面推进"大思政课"建设的工作方案》，进一步明确了"问题导向、目标导向、效果导向"，以大思政课建设为抓手，带动学校整个德育体系"活起来"，打开德育变革突破口。

　　学校对教育价值的选择，决定了学校德育体系建设的价值取向和行为准则。高中处于人生从少年进入成年的过渡时期，是逐步向自我发展、自主发展过渡的重要阶段，也是开始有意识、有计划尝试设想自己未来，勾画自己未来人生的萌动期，这决定了高中学段与基础教育的其他学段德育有明显差异。长期以来，四川师范大学附属中学（以下简称川师附中）坚守"崇道鼎新，成人成才"的办学理念，形成了以"自主发展，以德为先"为核心的特色文化。如何充分发挥特色文化在学生个人成长中的引领作用，始终是川师附中关注的重点。具身认知理论的兴起，为学校德育研究提供了新视角。十多年来，学校孜孜以求，在国家德育课程改革宗旨、课程育人目标及课程实施方案的基本精神指引下，从学校自身特有的课程哲学出发，持续开展学校德育课程的变革实践和创新。历经不断反思重构，反复循环实证，最终形成了本书所展现的既体现国家德育课程的共性又带有川师附中独特性的 "四自"（自我规划、自主管理、自能学习、自强发展）校本具身德育课程体系。

已有研究指出，在学校德育课程及其实践中，最为重要的就是摒弃那种将德育理解为一种止步于"知道"的狭隘德育观，变革套用知识教学模式的德育课程模式。课程综合性与实践性是培养素养时代学校课程发展的必然选择。课程综合性与实践性交融互渗，催生出具身性整合的德育课程发展新趋势。具身性整合强化课程的具身倾向与行动倾向，推动了道德教育从知识化、认知化调整到重视情感体验和情感发展，从单向灌输调整到双向互动，从封闭的校园转向社会生活实践。具身倾向即增加学习者的具身体验在课程中的机会和分量，行动倾向则是指课程的设计与实施中要有行动或做的过程。德育素养是嵌入在学生个人与真实世界的特定任务和需求的互动之中的，素养提升需由"体之于身，验之于心"的行动来表现，学校才可能在实践中更深入系统地寻找学生实现品格成长与价值观发展的证据，真正改革德育体系。

我认为，生命教育的六个核心理念（关注生命、尊重生命、珍爱生命、欣赏生命、敬畏生命、成全生命），对大力促进新时代德育专业化、实效化具有重要的引领价值。当前，马克思关于人的自由全面发展理论在主体需求、社会关系、自主实践三个维度已经呈现出了新思路，增强了德育的吸引力、感染力、针对性和实效性。新思路是"满足人"——通过价值引领实现人的精神世界富足；"承认人"——促进人的自我认同与共同体意识培养；"解放人"——为个体赋权增能，实现人的生命自觉，将自身"成人成才"的动力自觉转化为推动社会发展的力量。因此，及时有效化解高中生面临的"成长烦恼"和表现出的典型问题，是校本德育的最佳切入点。以学生为中心，以真实问题为基点，以德育素养为导向，以多样化的项目学习和主题学习为载体，以学生发展实效为目的，给学生更多自主修炼、自我成长的机会，才可能把德育内化为学生自身成长的动力，获得社会发展所需要的个人成长。

本书的第一章和第二章，阐述了校本具身德育课程体系构建的价值追求、课程目标、理论依据和教育主张，介绍了校本具身德育课程四大内容、具身化特征与具身路径设计，展示了校本具身德育课程与国家思想政治课程（经济生活、政治生活、文化生活、生活与哲学）以及德育核心素养（政治认同、道德修养、法治观念、健全人格、责任意识）之间具有的整体融通性、可持续发展性和差异互洽性。第三至六章则具体呈现了12个综合实践项目或跨学科实践项目系列，每个案例均对现实问题进行了针对性分析，包含项目指导思想与活动目标、实施思路与进阶设计、效果评价与反思总结，凸显了具身德育项目课程的时代性、针对性与高课程化水平。

我认为，本书对于普通高中校本德育课程体系构建的启示有以下几点：

第一，学校文化特色增强德育效能

学校道德教育首先必须借助法定的德育专设课程、包含德育要求的各学科课程以及活动载体实现正向价值的传递，同时学校应基于德育核心素养培育要求和学生发展的真实需求，着力于确立聚焦学生自主发展的校本德育目标，并在此基础上设计和推行校本德育课程，从而形成本校的德育文化特色和风格。朱小蔓认为，道德教育是塑造人的道德文化生命的过程，任何生命都是独特的，在一个缺失了道德文化风格的教育氛围中，要凝聚这种独特的生命几乎是不可想象的。从这个意义上说，道德教育塑造的其实就是一种风格和特色，并且只有依赖于经过历史积淀形成的不同的校本文化特色，道德教育才可能真正得以实现。因此，需要基于时代要求、学生实际、学校的传统文化和资源优势，通过校本德育课程的方式，逐步形成相对稳定的校本文化。这种文化让学生沉浸其中，获得的是一种表现真实人性的语言、情感和行为，是一种不竭的生命滋养，它将融入学生个体的血脉和精神，内化为人的心性品质，最终转化为学生的个性成长，它是有真实效能的特色德育文化。

第二，重视社会与情感能力的培育

当下，学生出现的诸多心理问题几乎都与情感缺失有关。尤其在人工智能时代，"情感饥荒"乃至道德冷漠问题更容易产生，而学生的社会与情感能力的培育正是解决这一问题的基本途径。学生社会与情感能力的五个方面，包括任务能力（尽责性）、情绪调节（情绪稳定性）、协作能力（宜人性）、开放能力（开放性）和交往能力（外向性）。这五个方面涉及学生的乐观、信任、抗压能力、成就动机等，其中成就动机又关涉学习兴趣和学习志向的培养。学生的健全人格与成长型思维、学校归属感以及和谐的师生关系密切相关，对此必须格外重视。

第三，创新多样化的具身德育路径

有了具身德育的先进理念，"怎么做"才是关键。只要牢牢把握"认知是大脑、身体与环境相互作用的过程"这一具身认知的核心观念，在强调道德教育的真问题、真体验、真情感、真感悟的身心融合认识论基础上，围绕某一德育主题，基于项目的学习、基于问题的学习、基于探究的学习等学习方式都可视为具身德育的具体路径。各种类型的活动，如调查研究型、综合表达型、社会参与型、策划实践型和共同交流型等活动，也可以自由组合形成新的具身路径。

第四，致力于实现思维方式的转型

在学校教育现场，德育往往是零散、琐碎而又错综复杂的。从12个案例可见，川师附中在建构具身德育课程体系的过程中，有着明显的思维方式转型。这些思维方式转型包括从点状式、碎片化思维转向整体融通思维；从割裂式、孤立式思维转向有机关联思维；从单向式、结果式思维转向多向互动、过程式思维。这些思维方式转型对反思重构校本德育课程体系、提升课程化水平至关重要。

校本具身德育是川师附中在课程创新意义上的国家德育课程校本化，是课程体系的综合性、实践性特征与全面的具身性整合，为我们提供了学校德育发展崭新的视角和可资借鉴的经验，代表着一种学校德育课程变革新走向。德育教学始终将学生视为一个具有自主性、能动性和创造性的独立的人。只有人在自己的社会实践中建构起来的道德，才是真正内化了的道德，才是能够作为其真实的道德修养发挥效能的有生命力的道德。

　　遵胡昳书记嘱，是为序。

周小山

2024年8月13日

前言

在自主发展的文脉里淬炼卓越品性

四川师范大学附属中学（以下简称川师附中）是一所在改革中不断追求卓越的学校，自主发展是一代代川附人始终坚守的文化品性。从20世纪50年代建校以来，川附人就在百废待兴中自力更生，担负起为国家培育工农速成人才的重任。在国家教育进入正轨后，老一辈川附人始终敏锐地感知时代变化和教育变革对学校提出的新要求，主动积极地应对发展过程中遇到的各种挑战，不断在自主变革中开创办学新局，努力在自主发展的文脉里淬炼卓越品性，将川师附中发展带上了一个又一个新台阶。

20世纪90年代，川师附中作为成都市直属学校中为数不多的寄宿制学校，绝大多数学生在校学习期间都在校园里度过。为了提高学生在校园里的自我管理能力，提升寄宿生活的效能与质量，我们开始探索如何提高寄宿制学校学生自主管理能力等问题，并将其列为成都市规划课题进行专项研究。此后，我们从学生的自主管理到自主学习再到学校的自主发展文化建设，探索范围不断扩大，改革力度不断增强，自主发展逐步成了全体川附人的共同追求，所有师生都在努力形成自主发展人格，并力求在自主发展的文化中绽放出力所能及的精彩，从而铸造出了自主发展的文化底蕴与特色。

70年来，我们从学校的自主建设、教师的自主奋斗到学生的自主发展，再到师生共同提升自主发展品质，不断沉淀自主发展文化，并在持续浸润中形成了自主发展的文化脉络。在这条文化脉络里，我们经历了唤醒"卓越自我"、成为"卓越自我"和成就卓越的"社会性自我"三个阶段，我们就在这三个阶段的自主发展文脉里不断淬炼川附人的卓越品性，形成学校的自主发展风景。

一、唤醒"卓越自我"，让所有川附人从"被动主体"变为"能动主体"

自主发展的前提是具有"自我意识"。自我意识，是把自己作为一个独立的人来看待，能够发现、尊重和发展自己的潜能，能在这一过程中把自己作为独立个体与他人和环境友好相处，并逐步成为适应和改造环境的积极力量。要培养师生的自我意识，需要唤醒师生内心的强大自我，让师生从被动的适应者变为能动的发展者。在我校自主发展文化的建设中，我们经历的第一个阶段，就唤醒师生内心的"卓越自我"，促使川附人从"被动主体"向"能动主体"转变。

在这一阶段，我们首先是唤醒教师心中的"卓越自我"，促使教师从"被动的改革者"向"能动的改革者"转变。20世纪90年代，我校作为成都市为数不多的四川省"电化教育示范校"和"现代教育技术示范校"，开展了全体教师全面参与的"运用现代教育技术优化课堂教学"的课题研究与改革实践，引导全体教师发现自己在课堂教学中运用现代技术的潜能，并在尊重和发展这一潜能的过程中拓宽课堂教学视野，提高课堂教学能力，把自己从一个被动的现代教育技术运用者，变为主动在课堂教学中优化现代教育技术运用的改革者，以此唤醒内心中的"卓越自我"，在能动的改革中不断走向卓越。这一研究唤醒了不少教师内心的"卓越自我"，教师们在这一课题的研究与改革中树立了自我意识和改革意识，为自主发展文化铺就了底色，这一改革与研究成果也获得了四川省政府教学成果二等奖。这一课题之后，我们开始了自主德育、"自主·优效"课堂和教师自主发展等课题的多维度多层次研究与改革，持续唤醒教师内心的"卓越自我"，力求将具有发展潜能的教师变为卓越的能动改革者，这些研究与改革成果多次获得省政府和国家教学成果一、二等奖，这些成果与成效为学校自主发展文化建设铺垫了厚实基础。

其次是唤醒学生心中的"卓越自我"，让学生从"被动的学习者"变为"素养的主动建构者"。具有自我意识的人，不仅是相信自我的人，还是能够运用自身潜能为宿舍、班级、年级和学校自主发展作出贡献的人。在开展自主管理研究与实践改革期间，一些年级开办了学生干部培训班，为愿意承担公共管理工作的学生提供培训和实践机会，引导这些学生在自主管理中发现和发展自我潜能，促使他们在管理实践中发现"强大的自我"，并在不断反思和调整中成为"卓越自我"。在不同阶段的课堂改革中，我们以"促进自主学习"为改革主线，优化课堂教学目标、内容、方式与结果分析等，力求在课前、课中和课后一体化唤醒学生的学习潜能，引导学生相信自己不但能学而且能学好。在此基础上，我们从优化课堂的核心问题和子问题入手推进问题、情境、策略和评价的体系化改革，帮助学生在问题分析与解决的过程中发现自己的潜能，唤醒内心中的"卓越自我"。与此同时，我们在课堂改革中加大了学生独立学习的时间和空间，丰富了学生独立学习的内容、形式和评价指标，通过多种方式促使学生从"被动的学习者"变为"素养的主动建构者"，不断将自己变为稳定的能动发展主体，为持续的自主发展创造优质条件。

这些研究与改革成果已汇集为"自主的风景"，在学校自主发展的风景里，我们看到了自主发展文化唤醒的"卓越自我"，以及这些"卓越自我"为学校自主发展文化建设所作出的巨大贡献。

二、成为"卓越自我"，在"四自"教育中增强自我发展能力

唤醒"卓越自我"，是为了成为卓越自我。我们自主发展文化建设的第二个阶段，是在"四自"教育中增强师生自我发展能力，帮助师生成为"卓越自我"。自主发展不是一个空泛的概念，也不是抽象的理论术语，而是师生一步一步走出来的发展之路。但是，抓住什么重点，深化什么内容，才能在唤醒师生"卓越自我"的基础上往前迈进实质性的步伐，这是我们近十年来一直在思考并努力突破的问题。我们在反复征求师生和专家意见后，逐步将自我发展聚焦在"四自"教育上，力求以"四自"教育增强师生的自主发展力量，使学校的自主发展文化更厚实，更能解决师生发展中的诸多问题。我们推进的"四自"教育，是自我规划、自主管理、自能学习和自强发展的教育，这四种教育相辅相成，既构成了学校自主发展教育的主体内容，也是学校自主发展文化脉络向前延伸的主要根脉。

我们推进的自我规划教育，重在拓宽师生的战略思维，发展师生的长远眼光，以提高自主发展的方向性、目的性和有序性，这是师生成为"卓越自我"的基础与前提。在自我规划教育中，我们力求引导师生从"小自我"的规划走向"大自我"的规划，并不断使这两个方面的规划呈螺旋式发展态势。"小自我"的规划，是师生个体对自己进行的规划，其核心指向是"我的发展规划"；"大自我"规划，是对集体和团队发展的规划，其核心指向是"我们的发展规划"。我们在自我规划教育中，不仅要重视"小自我"的规划教育，也要重视"大自我"的规划教育，更要重视两者相互影响、螺旋互生的规划教育。我们力求引导师

生做到：以"小自我"的规划为基础形成有利于每位师生成为"卓越自我"的"大自我"规划，以"大自我"规划引导和改进"小自我"规划，把集体的卓越发展和个体的卓越发展有机结合起来，既成就师生个体的"卓越自我"，也成就学校及其他不同团队的"卓越自我"。

我们推进的自主管理教育，是在自我规划的基础上，提高师生执行自我规划能力的教育。我们所倡导的自主管理能力教育，重点是提高师生的规划管理能力，即通过具体的改革项目和评价指标的变化，引导师生执行自我规划、反思和改进自我规划，以在最大程度上避免发展过程中的随意、盲目与随波逐流。我们在自主管理教育过程中发现，制定自我规划并不难，在执行自我规划的过程中克服重重困难实现自我规划的目标，却是千难万难、难上加难，学生如此，老师亦如此。为了帮助师生克服执行规划的难题，我们从时间管理、情绪管理、难题管理、任务管理、策略管理、反省管理等小问题入手，探讨规划执行过程中可能出现的问题及其有效的解决办法。通过不断积累，逐步增强了规划执行的信心，并在规划执行过程中合理调整原有规划，强化师生规划执行成效的可见度，提高师生在规划执行过程中的成就感，以增强其自主管理和自主发展的信心与能力，为师生成为"卓越自我"提供保障。

我们推进的自能学习教育，不仅是学会学习的教育，更是愿学、能学、会学、学好的教育。自能学习，不仅是知识学习，还包括做人做事的学习，是德智体美劳全面发展的学习。因此，我校的自能学习教育是一个宽泛的概念，是在自我规划和自主管理基础上推进的全面发展的学习。在"愿学"的教育上，我们主要引导师生如何把外在的改革压力和考试要求转化为自己学习的内在动力，如何转化和保持学习动力是教育的核心。在"能学"的教育中，主要是引导师生如何唤醒并保持"卓越自我"，相信自己不但有能力去学习而且能够在不断努力中学得有成效，为成为学习的能动主体树立信心。在"会学"的教育上，主要是进行学习方法的教育，特别突出了学生的自我评价与反省思维的教育。在"学好"的教育上，主要是引导师生树立改变和超越意识，其重点是引导师生向着自己发展的最大可能性不断奋进，力所能及地成为"卓越自我"。我们将这几个方面作为一个整体确立教育内容和方法，连续多年持续推进，使得学生的自主学习意识与能力明显增强。

我们推进的自强发展教育，是在自我规划、自主发展和自能学习教育的基础上，引导师生树立卓越发展意识，为师生成为"卓越自我"提供支撑的教育。在这一教育中，我们主要根据成长型思维中"改变""超越""耐挫""坚持"四个关键词确定主要教育内容。在"改变"这一关键词的教育中，教师主要强化改革意识与能力，学生主要强化反思和改进的意识与能力。在"超越"这一关键词的教育中，我们既强调今天和昨天相比的纵向进步，也强调和自己大致相当的同伴相比的横向发展幅度。在"耐挫"这一关键词的教育内容中，我们主要从畏难、焦虑等心理角度确定教育内容。"坚持"，主要是对师生进行战略定力和发展耐力的训练。

近十年来，我们不断建构、细化和完善"四自"教育的内容体系、方法体系和场景体系，在唤醒师生内心"卓越自我"的基础上，不断致力于师生"四自"能力的提高，努力促进师生实现最大程度的发展，为师生成为"卓越自我"提供了坚实支撑。我们在升学、竞赛、师生素质发展、改革成果等方面取得的成绩，足以说明我校自主发展文化在第二阶段取得的成效。

三、成就卓越的"社会性自我"，在具身德育中提高自主发展的未来社会适应性

"卓越自我"不是与世隔绝的强大个体，自主发展的最终目的，是能在未来社会中既成为具有独立个性的"卓越自我"，也成为具有社会

贡献力的"卓越自我"，这样的"自我"被一些学者称为卓越的社会性自我。卓越的社会性自我，是指自我与社会互动，促进自我与社会都能实现最大程度发展的自我。我们认为，唤醒"卓越自我"和成为"卓越自我"不是自主发展的最终目的，自主发展的最终目的是要培育出卓越的社会性自我。因此，我们把成就卓越的社会性自我作为自主发展文化建设第三个阶段的重点突破内容，借用具身理论深化"四自"教育，促进我校的自主发展文化再上新台阶。

卓越的社会性自我是在人与人交往的社会性活动中不断形成和发展的，正如英国社会学家伊恩·伯基特所说："我们在试图找寻我们是谁时，常常会诉诸某种社会活动，以揭示那个'隐藏的'自我。我们尝试不同的角色、工作、教育、爱好、艺术乃至运动，希望从中找到自身。因此，对于自我的探寻就会牵涉到我们做什么，通过这种活动可能发展出的才干和能力，会告诉我们自己是谁。不过，这又引出另一个问题，自我可能并非预先给定。它并不是什么隐藏的东西，非得我们去找到它，而是必须去塑造的东西。因此，自我这种东西就是要和其他人一起，通过能提供有关自我形成的技术的协同活动和共享观念，创造出来。'我是谁？'这个问题的提法或许有误，应当是'我想成为谁？'或'我该成为什么？'问题并不在于是，而在于成为，还要注意的是，我们无论是通过与他人的关系，还是通过与他人共同进行的活动，在塑造自身时其实都不是'向内'探查以找到自身，而是'向外'探查他人和协同活动。我们寻找自身的地方基本上就是与他人共享的世界，而不是我们通过反思自己的所思所感为自己创造的那个世界。"①换言之，"卓越自我"不是在个人的小圈子里发展出来的，而是在集体性的社会

---

① 伊恩·伯基特. 社会性自我［M］. 李康，译. 2版. 上海：上海文艺出版社，2023：10-11.

活动中生长出来的，没有社会性，也就无所谓自我。因此，成就卓越的社会性自我，需要师生个体投身到具身性的集体活动中去，缺乏具身性的集体活动，既难以成为"卓越自我"，更无法成为卓越的社会性自我。据此，我们在持续建设学校的自主发展文化时，根据具身理论深化了"四自"教育，本书就是我们基于具身理论的"四自"教育研究与改革的成果。在这一阶段，我们在"四自"教育中强化了具身特征，并以此构建了具身德育内容体系，不断让学生"在游泳中学会游泳"，在社会化的情境中提高未来社会的适应性。

在运用具身理论深化自我规划教育时，我们以社会化情境为载体或诱发因素，遵循"唤起规划意识—加深自我认识—促进社会理解—达成自我规划"的思路，通过创设具有"身体性""情境性""动力交互性""生成性"等特征的具身活动场景，引导学生在这些场景中解决"认识我的兴趣、了解我的能力、认识我的性格、明确我的价值观"等难点，据此探求社会上的专业与职业，综合两者提高科学决策以及生涯管理等能力，最后形成"我的生涯规划书"等，一步步引导学生在社会性的集体活动中进行认知和建构，提高自我规划适应未来社会的可能性。

在具身化的自主管理教育中，我们以时间管理、身体管理、情绪管理和社交管理为话题，丰富、创新和深化教育内容与形式，既促进个人健康成长，也提高师生个体与他人和谐共生的能力。为了进一步提高自主管理的未来社会适应性，我们采用了"激发管理需求—巧妙引导支持—加强情绪管理—提升自主管理"的基本路径，并根据未来社会可能面临的身体管理、情绪管理、时间管理、工具管理和社交管理等难题创设情境，提出问题，有意识地引导学生结合学科知识、跨学科知识等解决这些问题，目的是帮助学生在具身情境中提高处理与自我、老师、同伴、社区人员等关系的能力，为学生成为卓越的社会性自我创造更好的条件。

在具身化的自能学习教育中，我们强化了与社会紧密联系的学科情境和跨学科情境的创设，通过创设多样化的具身情境，唤醒学生的自我学习意识，并在具体任务的解决中发展自主学习能力。如带领同学们走进四川大学与电子科技大学，分组参观校史馆、华西口腔医学院等12个学院及博物馆，近距离感受各种实验与仪器。在这样的现实情境中研究学习、学会学习，提高了学生在多种环境中的学习适应性。再如在地理调查实践活动中，我们激励学生以主动探索的姿态深入日常生活，发现并定义问题。通过实地考察和亲身体验，不仅能够让学生直观地观察到地理现象，更能够让学生们在这一过程中敏锐地捕捉到问题的本质，从而锻炼他们的观察力和洞察力。学生在我们精心建构的实地考察平台上，能够通过亲身体验来验证和深化对地理概念的理解，能够把地理现象纳入整个社会发展的历程中来考虑，为他们未来的学术探究和职业适应与创造打下坚实基础。

具身化的自强发展教育，是前三者的整合与超越。为了在自强发展教育中更好地培养卓越的社会性自我，我们在体验性情境的创设中强化了现实社会元素和未来社会元素，特别强调根据未来社会的不确定性以及国际局势的日益复杂化创设虚拟情境，引导学生综合运用所学知识应对复杂情境中的挑战，培养其克服困难的决心、坚韧不拔的意志和化解复杂矛盾的智慧，为他们在未来社会中保持自强精神打下基础。为此，我们重点聚焦自强发展精神的培育、自强发展能力的提升和自强发展成果的分享创设社会性情境，以此提高学生在复杂的社会情境中不断超越自我的能力。杜威说："教育的理想的目的是创造自我控制的力量。"[1]但他也认为，只有内部控制的力量还不够，还必须把内部控制

---

① 杜威. 我们怎样思维·经验与教育［M］. 姜文闵，译. 北京：人民教育出版社，2005：277.

的力量和外部控制的力量结合起来教育学生，这样才能使学生具备在未来社会中不断变得卓越的基质。在具身化的自强发展教育中，我们就是遵循这样的思路不断深化的。

从我们的研究与改革来看，具身认知理论既提供了自主发展文化建设的新视角，也为我们成就卓越的社会性自我提供了新的理论支架与实践思路。本书初步呈现了我们的探索成果，但这不是我们的终点而是自主发展文化建设的新起点。我们从唤醒"卓越自我"到成为"卓越自我"再到成就卓越的"社会性自我"，一路走来，且行且研，且研且改，在自主发展的文化脉络里淬炼卓越品性。我们这样走来，也必将这样走下去。我坚信：一代代川附人的不懈探索，一定会让我们的自主发展文化越来越鲜明，卓越发展的底蕴越来越深厚，使川附人在自主发展的文脉里淬炼卓越品性的决心也会越来越坚定，持续推进的育人方式改革成果必将越来越丰硕。

四川师范大学附属中学

胡　昳

目录

第一章

在具身德育中
培养自主发展的人

党的十八大以来，习近平总书记围绕立德树人做出了一系列重要论述，系统地阐述了"培养什么人、怎样培养人、为谁培养人"等重大教育理论和实践问题。其核心要义在于，培养担当民族复兴大任的时代新人。①习近平总书记关于立德树人的重要论述，不仅为我国人才培养工作指明了方向，也为新时代德育工作提供了根本遵循。如何围绕立德树人根本任务，回应和落实好时代新人的培养要求，是新时代学校德育工作的核心使命。

在围绕立德树人展开的一切德育活动中，学生是发展主体，要承认学生主体，创设实践活动，落实和发挥学生的主体性，使之成为"能够进入社会历史实践的、能够为人类幸福而工作的、全面发展的人"②，就需要引入具身认知理论建构学校的具身德育体系，在类型多样的实践情境中落实立德树人的根本任务。因此，新时代的德育应该在具身情境中强调自我教育，落实和发挥学生主体性，推动合于主体性的道德实践，培育自主发展力，促进学生自主、自觉、能动地发展，成为能够担当民族复兴大任的自主发展的时代新人，这就需要推进具身德育的实践改革，在具身德育中培养自主发展的人。

---

① 吴安春，姜朝晖，金紫薇，等.落实立德树人根本任务——习近平总书记关于教育的重要论述学习研究之十［J］.教育研究，2022，43（10）：4-13.
② 郭华."学生主体"的教学论意义——纪念主体教育实验30周年［J］.教育研究，2022，43（11）：56-65.

一、核心素养、自主发展与自我教育

在中国学生发展核心素养（以下简称"核心素养"）总体框架中，围绕培养"全面发展的人"这一核心，分为文化基础、自主发展、社会参与三个方面。自主性是人作为主体的根本属性。自主发展，重在强调能有效管理自己的学习和生活，认识和发现自我价值，发掘自身潜力，有效应对复杂多变的环境，成就出彩人生，发展成为有明确人生方向、有生活品质的人。①自主发展、文化基础和社会参与共同构成学生发展核心素养的三个方面，是学生发展核心素养的重要组成部分。同时，从其内涵特征看，自主发展本身又兼具方法论价值，强调了自我教育是实现自主发展的基本路径，要能有效管理自己的学习和生活，认识和发现自我价值，发掘自身潜力……发展成为有明确人生方向、有生活品质的人。

自主发展追求的是学生素养的发展，是其关键能力和必备品格的发展。不论是社会主义核心价值观，还是良好的思想品德和健全人格，都不是一个简单的知识传递过程，而是一个实践与建构、内化与生成的过程，是学生自我教育和自我发展的过程。雅斯贝尔斯比较了经院式教育、师徒式教育和苏格拉底式教育三种教育类型，而且指出，教育是"唤醒学生的内在潜力，促使学生自其内部产生出一股自发的力量"，教育的过程是让受教育者在实践中自我操练、自我学习和成长。②如果把自主发展的德育目标定位于道德律令和道德认知，采用经院式的"传递"，利用师徒式教育的权威和服从，好像就是天经地义的事情。但很

---

① 林崇德. 21世纪学生发展核心素养研究［M］. 北京：北京师范大学出版社，2016.

② 雅斯贝尔斯. 什么是教育［M］. 北京：生活·读书·新知三联书店，2021.

显然，我们不是要满足于让学生被动接受现成的答案，记住书本上的学科事实和道德律令，因为这样的教育不能促使学生成为真正具备道德素养的人。长期习惯于被动接受，缺乏探索精神和实践能力的人，也肯定难以成为能够担当民族复兴大任的时代新人。周国平先生在《作为教育家的叔本华》译者导言中也谈到自我教育。他说，本书［弗里德里希·尼采（Friedrich Nietzsche）《作为教育家的叔本华》］的确切标题应该是《作为自我教育的哲学家的尼采》，并且指出，一切有效的教育都是自我教育，唯有当你的灵魂足以成为你自己的导师之时，你才是走在你自己的道路上了。

培养自主发展的人，强调自我教育，一是要注重唤起学生的"觉悟"，使其意识到自己才是自己人生的第一责任人，任何别人，包括父母、老师都无法代替。"对于我们的人生，我们必须自己对自己负起责任；因此，我们也要充当这个人生的真正舵手，不让我们的生存等同于一个眉目的偶然。"①二是要描绘"愿景"，既要"全力寻求一个尚在某处隐藏着的更高的自我"②，引导学生愿意用今天的脚踏实地、奋进拼搏，为自己的幸福人生奠定坚实基础；更要引导学生深刻领会实现中华民族伟大复兴是中华民族近代以来最伟大的梦想，培养学生对党的政治认同、情感认同、价值认同，不断树立为共产主义远大理想和中国特色社会主义共同理想而奋斗的信念和决心。

二、自我教育、主体实践与自我发展力

自我教育的重要任务是发展学生的主体性。主体性是人作为发展主体的根本特征，在德育实践中落实学生主体是其自主发展的内在要求。

---

① 尼采.作为教育家的叔本华［M］.周国平，译.南京：译林出版社，2012.
② 同上。

历经三十年的主体教育实验及其主体教育论对此有非常充分的阐述。主体教育论提出，主体性是主体在作用于客体的活动中表现出的能动性，既表现为对客观世界的自觉能动的掌握，也是对客观世界的自觉能动的创造，集中体现为人的独立性、主动性和创造性；人的全面发展最根本的特征就是有主体性，……追求全面发展，就是为了增强人的自觉能动性，增强人的主体性；培养主体性，就是培养学生在面对客体时的主动性和自觉能动性，即有主见、有勇气、敢想敢干，能够面对挑战、克服困难、创造性地解决问题。①

在德育实践中落实学生的主体性，就是要学生真正成为活动的主人，意味着学生必须"自己教育自己，自己管理自己，自己学习、自己生活，自己选择、参与、探讨"②。如果主人不是主人，而是始终处于被动的位置，没有主动活动，没有切身体验，没有自主探究，就必定导致德育的异化。项贤明在讨论"德育的异化"时指出，在传统德育体系中，知识教学模式成为学校德育的主导模式，学校更倾向于将既成的道德律令强行灌输给学生，"德育逐渐由引导的过程变成了一种塑造的过程"。然而，真正的道德，即马克思所说的"作为道德的道德"，源于人作为实践主体的自由本质。人只有作为主体才能在改变环境的过程中发展自身，人也只有作为主体才能获得真正的发展。强迫性的德育环境和强制的道德灌输，是德育异化的表现之一，也常常是"两面人"和"伪君子"的重要成因。他进一步指出，道德异化的本质是人在德育活动中主体地位的丧失，表现为人在德育过程中受制于人，不能自主地做

① 郭华. "学生主体"的教学论意义——纪念主体教育实验30周年［J］. 教育研究，2022，43（11）：56-65.
② 王策三. 教育论集［M］. 北京：人民教育出版社，2002.

出价值判断和价值选择。①

因此，教育者必须认识到：德育并不是在塑造受教育者的过程中赋予其美德，而是受教育者作为主体在参与社会实践的过程中建构的，并内化为自我的道德。这一过程既包括"在德育实践中体验、生成道德情感、道德信念"，也包括"通过道德实践或付诸道德实践将道德认知、道德信念转化为道德行为"。要破解学生德育异化问题，就必须落实学生在德育过程中的主体地位，促进学生主体性的发挥，促使学生在真实的社会生活中自主地、能动地、创造性地展开实践探索，在合于主体性的德育实践中获得主体性的自我发展。我们必须牢牢把握中小学德育工作的根本性质，坚持遵循规律，突出知行结合，"引导学生将道德认知转化为道德实践"；也只有通过合于主体性的德育实践，才能"将社会主义核心价值观内化于心，外化于行"。②

因此，培养学生的主体性，就是培养学生的自主发展力，让学生成为自主发展的人。培养自主发展的人有着丰富的实践意蕴，它既指向我们的培养目标，也蕴含自主发展理念（强调自我教育、强调学生主体）；作为教育过程，则强调通过创设和实施合于主体性的道德实践，培育学生的自主发展力，由此促进学生自主、自觉、能动地、持续地发展，成为能够担当民族复兴大任的自主发展的时代新人。在自主发展实践中培育和发展学生的自主发展力，是自主发展实践的着力点，也是学生"自主发展"的实践路径和根本保障。

自主发展力并不是一个抽象的概念。心理学的"自我理论"非常强调"自我决定"这一核心概念，认为在充分彰显自主发展理念的自我教

---

① 项贤明. 新时代德育理论解析与反思［J］. 中国教育学刊，2024（1）：84-92.
② 教育部基础教育司. 中小学德育工作指南实施手册［M］. 北京：教育科学出版社，2017.

育过程中，个体应该拥有高度自主，能进行自我管理、自我调节和自我适应。川师附中在"自我理论""主体教育理论"等指导下，历经十余年深入开展以"四自"（自主规划、自主管理、自能学习、自强发展）为核心要素的自主发展与自主发展力培养的实践，在自主发展实践中培养学生的自主发展力，通过"四自"德育实践培养自主发展的人。

以"四自"（自主规划、自主管理、自能学习、自强发展）为核心内容进行自主发展及自主发展力的培养，首先是基于自我教育与自主发展理念，让学生深刻意识到自己才是自己人生的第一责任人，让自己来"充当这个人生的真正舵手"，并全力寻求和塑造一个"更高的自我"。在此基础上，引导学生认知自我、规划自我，通过自我管理、自我反思、自我调整成就自我，持续塑造一个更强的自我。其次是将自主发展力培养植根于学生丰富多样的真实生活和各类活动，强调在德育实践中培养自主发展和自主发展力。学生是一切德育活动的主体，完全以主体的姿态参与课程与活动，是真正的主人。他们拥有对课程与活动足够的自主掌握、自主管理的权利，自我设计具有挑战性和价值感的目标任务，并对目标达成负完全的责任。他们必须"审慎地思考、决策，要预见无数种可能性"，必须通过全身心投入、团结一致的努力，才能更完美地达成目标，不断实现"更高的自我"。最后，"四自"德育实践充分凸显"具身"特征，是德育"身体性""活动性""情境性""生成性"的统一。除了强调回归真实生活，还应该重视身体参与，不仅身体力行，而且加强学生自身与道德观念、学习环境的多向互动与共情，使身体成为个体情感激发、认知提升和行为践履的紧密连接，并通过身体的感知和表达使三者相互作用。①

---

① 孟伟. 身体、情境与认知——涉身认知及其哲学探索［M］. 北京：中国社会科学出版社，2015：141.

德育实践是在学校深厚的自主发展文化土壤上展开的。培养自主发展的人与学校办学理念和培养目标一脉相承。学校的办学理念是"崇道鼎新，成人成才"，遵循成才先成人的育人原则，关注学生基本的生存能力和自我教育能力的培养，关注学生的终身发展；培养目标是"为学生全面而富有个性的'成人成才'打下坚实的素质基础"。学校七十年薪火相传、弦歌不辍，自我教育和自主发展始终是推动学校、教师和学生发展的重要理念。正是以"自主发展"为核心的学校特色文化，引领着师生持续发展，成为促进师生走向成功的不竭动力。在这样的文化土壤上，学生在"四自"德育实践中培养自主发展力，同时也通过具身性的"四自"德育实践，更加自主、自觉、能动地发展，持续塑造一个"更高的自我"，不断成为能够担当民族复兴大任的自主发展的时代新人。学校凝练了"四自"德育品牌，通过毕业生形象和毕业后的跟踪反馈，不断证明着学生的自主发展成果和优异的持续发展力（自主发展力）。

三、自主发展力、具身认知与具身德育

自主发展力是在学生的具身体验中不断发展起来的，要有效培养学生的自主发展力，就需要借用自身认知理论推进和优化具身德育。我们所倡导的具身视域下的"四自"德育，是始终将学生当作一个个具有自主性、能动性和创造性的独立的人，是通过具身参与引领学生走向生命自觉，实现高质量的自我发展的德育实践，是唤起个体的身体性、自主性、自觉性，走向高质量发展的自我实践之路。如何才能真正唤起学生的生命自觉？亚里士多德提出的"实践智慧"或许能为我们指明一二——道德的智慧总体上属于一种实践智慧，须在实践活动中产生并表现出来。这种实践智慧不是学生坐在教室里，由教育者向学生灌输观点、原则或规范；也不是学生带着没有感知的头脑做着空洞的道德判

断。这种实践智慧的获得必须由学生作为独立的、参与的、创造性的主体，自觉在实践活动中调动身体参与，在身体感知的过程中获得关于美德的认知与情感，并能在新的实践中将这些美德展现。这种对主体的实践参与性的要求，无疑与具身认知一脉相承。

具身认知有着深刻的哲学思想渊源，是欧美哲学家反思和批判主客二元论的产物，法国哲学家梅洛·庞蒂在其代表作《知觉现象学》中首先提出了具身哲学的思想，主张"知觉的主体是身体，而身体嵌入世界之中，就像心脏嵌入身体之中，知觉、身体和世界是一个统一体"。具身思想对心理学发展的浸润，可追溯至杜威和詹姆斯的机能主义。杜威指出，一切理性思维都是以身体经验为基础。詹姆斯的情绪理论更是强调身体在心智和情绪形成中所发挥的作用。此外，有作者也着重分析了认知和其他高级心理机能对外部活动的依赖性，这些理论观点都强调了身体活动（感知运动）的内化对思维和认知过程的作用，给具身认知的思想家以启示，促进了具身认知研究思潮的形成。[1]随后，具身思想逐渐走向实证领域，越来越多的认知心理学家开始从具身的角度看待认知，形成了具身认知研究思潮。

对于什么是具身认知，学界目前仍然没有一个标准的定义。有作者提出认知是具身性的，依赖人的经验及身体与环境的交互作用[2]，我国学者徐献军从现象学角度，对离身化进行了批判，提出了认知具有具身性的特点[3]。李其维从心理学角度对具身认知进行了阐释，提出心智的

① 叶浩生. 具身认知：认知心理学的新取向 [J]. 心理科学进展，2010，18（5）：705-710.

② 麻彦坤，赵娟. 具身认知：心身关系的新思考 [J]. 徐州师范大学学报（哲学社会科学版），2010，36（5）：138-142.

③ 徐献军. 具身认知论——现象学在认知科学研究范式转型中的作用 [D]. 杭州：浙江大学，2007：43.

具身性是新的认知科学的核心，并称其为"第二代认知科学"①。叶浩生从更加系统的角度提出，在具身认知思潮中，有这样几个基本命题。首先，身体的结构和性质决定了认知的种类和特性。其次，认知过程具有非表征特点，思维、判断等心智过程也并非抽象表征的加工和操纵。再次，认知、身体、环境是一体的。最后，身体和环境是认知系统的构成成分②。

总体而言，狭义的"具身认知"仅强调身体本身对认知活动发生作用，即认知活动中的方式和程序由身体的物理结构决定。广义的具身认知理论则是，认知过程既要分别发挥身体、环境等的独特作用，又要重视二者整体的交互作用。人们通过身体接触、认识世界，并将身体寓于一定的情境中，通过身体与环境的交互，生成认知体验。概括起来，对具身认知概念的理解有以下三个方面：第一，身体状态直接影响认知过程；第二，大脑与身体的特殊感觉——运动系统在认知过程中起关键作用；第三，认知是具身的，也是嵌入的：大脑嵌入身体，而身体嵌入环境，三者构成了一体的认知系统。③

具身认知理论认为，人的认知不是简单的大脑感知过程，而是身体在实践活动中建构的过程。具身认知理论的主要特征包括具身性、情境性、动力交互性和生成性。

---

① 李其维."认知革命"与"第二代认知科学"刍议［J］.心理学报，2008，40（12）：1306-1327.

② 叶浩生.身体与学习：具身认知及其对传统教育观的挑战［J］.教育研究，2015，36（4）：104-114.

③ 叶浩生.具身认知的原理与应用［M］.北京：商务印书馆，2017：1-120.

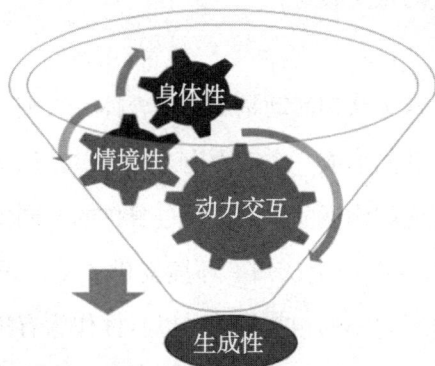

图1-1　具身认知的特征、要素及其关系

其一，具身性。

具身认知理论认为，身体必须积极地融入主体的认知过程，身体是认知的基础，认知活动，如人类记忆、想象力等都扎根于身体。在认知活动中，不仅要注意主体已经拥有的身体经验对当前活动的影响，还要注意主体通过参与活动在自身经验中的认知建构。此外，身体姿势、情绪等因素也会影响认知过程。因此，在教育过程中，需要调动学生的身体参与身体体验，引导学生在情境中通过身心的参与和感受形成对外界的认知和道德理解。

其二，情境性。

具身认知理论强调认知的情境性，认为认知是身体、大脑与环境在交互建构过程中产生的。有时，情境与感知产生的环境也是紧密相连的，为个体提供认知所需的信息。情境性主要强调在以接触和互动为特征的环境中认知活动的发展和展开。威尔逊强调了认知活动的重要作用，他认为环境不是孤立于感知之外的，而是"认知单元的一部分"。在具身认知理论中，环境是围绕物理、社会、文化和历史事实展开的。将其应用于课程，也就是说，将其限制在课堂上的情境中，能够减轻现实情境的压力，可以利用环境布置、声音、视频、影像等创造身临其境的感觉，激发学生的想象参与。

其三，动力交互性。

具身认知理论认为认知活动是一个整合体，大脑、身体和环境相互作用、相互影响，共同形成一个动力生态系统。在认知力反应系统中，身体是大脑与环境之间沟通的桥梁，通过身体的不同感官与环境互动，将信息传递到大脑，并产生认知。环境提供产生认识所需的信息，身体、头脑和外部世界之间的相互作用，以身体作为有机体的存在，实现感官与外部世界互动的多种可能性以及身体的体验。认知活动在特定情境下被满足，在不同情境下被满足，在互动中被满足。它体现了建构性与活动性、情境性与实践性之间的关系，体现了有效的互动性与参与性之间的关系。在学习过程中，需要有意识引导学生调动大脑、身体，主动地进入环境，在具体的环境中，激发身心的互动。

其四，生成性。

美国教育心理学家维特罗克（Wittrock）1974年提出生成学习理论，认为"学习是建立在学生已有知识体系上的一种知识建构活动，学习新事物所生成的认知和结果都与认知主体之间紧密相关。"具身认知理论明确提出学习的生成性特征，认知不是知识内容的机械传递和获取，而是通过身体、大脑与环境交互而产生的，是学习者在活动中调动身体感知与自身经验，在与环境的结构耦合中生成，从而产生新的思考和个人化的理解。这个过程不是固定的、模式化的，而是在实践中不断变化、动态加工的。因此，具身视域下的学习活动更加灵活开放，认知的生成也具有更多的可能性。

具身认知理论的兴起，为德育研究提供了新的视角。唐芳贵在2015年提出，由于道德具有具身性，所以道德教育应该创造具身途径和方法。冯永刚提出中小学德育课程建设呈现从相斥走向整合的价值取向，从确定性走向关系性的思维方式，以及从边界课程走向跨界课程的变迁逻辑。未来，中小学德育课程建设应强化德育课程价值导向，促进主体具身化德育课程建设，推进全息育人的德育课程实施方式，将立德树人的根本任务落到实处[①]。中国教育科学院德育与心理特教研究所所长孟万金[②]在具身认知理论的基础上首次提出了具身德育的概念，构建了具身德育1-10（Embodied Moral Education1-10）思想体系，提出了"七位一体"的具身德育模式，并将具身德育视为破解立德树人难题的重要方法。他指出在立德树人背景下，具身德育是基于具身认知科学的德育，能够将身体、情境与德育进行结合，破解"知行不一"的难题。后来的研究者也都以立德树人为背景进行了路径探索。王健敏[③]对具身德育进行了系统阐述，提出了具身德育的实施路径，即进行有道德感的校园生活、劳动实践和学科学习。王锃等人对具身认知理论进行了理论分析和实证分析，指出了学校德育应注重感知参与、情感体验、心理模拟、动作模拟和身体参与、多感觉通道参与及遵循德育对象成长规律[④]。苗小燕、张冲采用元分析的方法，对劳动和德育领域的文章进行了分析，证明了具身认知与劳动育人途径的前沿性和科学性。[⑤]综合这些因素，我们将以具身认知理论为引导开展的德育实践称为具身德育。区别于传统的德育实践，具身德育实践具有身体性、情境性、动力交互性与生成性

① 冯永刚. 中小学德育课程建设的回顾与前瞻［J］. 教育研究，2021，42（12）：32-43.

② 孟万金. 具身德育：机制、精髓、课程——三论新时代具身德育［J］. 中国特殊教育，2018（4）：73-78，96.

③ 王健敏. 具身德育：立德树人背景下德育新理念与新路径［J］. 中国特殊教育，2017（5）：22-26.

④ 王锃，石乐，李同法，等. 具身德育在学生德育工作中的启示［J］. 中小学心理健康教育，2018（31）：4.

⑤ 苗小燕，张冲. "劳动树人"的科学性与先进性——基于知识图谱的具身德育核心观点可视化研究［J］. 中国特殊教育，2018（3）：6.

四个关键具身特征。

"身体性"强调身体在德育实践活动中的主体性作用，即德育活动需要促发学生身体的参与，通过身体参与获得道德认知、道德情感，而不是仅仅停留在头脑层面的输入。

"情境性"强调认知的情境性，即道德认知并不仅仅发生于个体的内部，还需要有环境的参与，认知在身体与环境的交互中产生并得到发展。因此，在德育活动中，需要为学生创设多种身体参与的情境，包括基于真实环境的、能调动学生多种感官与身体参与的实感情境；基于图片、影像、环境等营造的实景情境，以及借助语言、文字等激发想象与身临其境的离线情境。

"动力交互性"则强调认知是大脑—身体—环境三者耦合构成的一个复杂的、动态的自组织系统，即德育活动中需要提供相应的任务驱动与平台，让学生在具身的情境中，调动身体与大脑参与，实现以"情"促"知"，以"知"生"情"。

"生成性"强调道德认知并不是个体预先就存在，而是在大脑、身体与环境的互动中生成的。在德育实践活动中，基于身体参与、情境创设、动力交互，从而激发学生"身心俱在"，由内在生发出的道德情感、道德认知促成的道德行为，实现从"知"到"行"，"知情意行"的耦合。

总体而言，为适应不同时期社会发展对德育的需求和挑战，我国中小学德育始终在调适中改革与确证。具身德育，让学生从"被告知"到切身体验，从书本走向真情实景中的价值判断和行为选择，更能建立积极的道德情感，并把自己认同的道德价值转化为道德行为。这种过程中的具身性和自主性（自主发现、自主体验、自主判断、自主转化），必然带来品德发展的自主能动性，有利于激发和促进学生更高水平的自主发展。

第二章

"四自"教育：
具身德育的主体内容

具身德育是培养学生自主发展力的有效德育形式，要在学校德育中体现具身认知要求，完成德育任务，可以在自我规划、自主管理、自能学习、自强发展的"四自"教育中强化具身特征，并以此建构具身德育内容体系，不断让学生"在游泳中学会游泳"。在以"四自"教育为主体内容的具身德育体系中，自我规划教育是基础，自主管理教育是保障，自能学习教育是关键，自强发展教育是目的。"四自"教育不仅是一个相互关联的系统，而且是一个生生不息、不断迭代的螺旋式发展过程。

一、自我规划与自我规划教育

每一个人都是一个独特的存在，并且都存在一个"尚在某处隐藏着的更高的自我"，要实现这一"更高的自我"，建构理想的美好生活，没有自我规划是难以做到的。具身德育中的自我规划教育，就是要在多样化的具身情境中唤醒学生的自我规划意识，发展学生的自我规划能力，以增强主动应对外界变化的意识与能力。

（一）自我规划与自我规划教育的内涵

自我规划是指学生根据社会发展的需要和个人发展的志向，对自己未来的学业、工作和生活做出一种预先的策划与设计，用于指导和校正自我行为，并在形势变化的情况下，合理调整自己原有设计的一系列内隐和外显行为。①

自我规划教育是指通过一系列具体的自我规划实践活动，培养学生自我规划意识和自我规划能力的教育。对高中生而言，主要包括学业规划教育和生涯规划教育。学业规划教育是帮助学生基于学业现状，形成对自己学业目标、行动方案的清楚认知和合理安排；生涯规划教育是在"对个体的生命历程有宽广而深远的透视"②的基础上，教给学生适应未来社会发展所需要的必备知识、关键技能与情感态度，既包括着眼于学生在高中阶段所面临的成长与升学的特殊需求，培养学生以选择能力为核心的规划能力，还包括面向更长远未来，在把握时代发展趋势基础上，培养学生以广泛适应力为核心的规划能力。

---

① 曾成彬，姜明贤. "设计"出的人生更精彩——四川师范大学附属中学探索学生自我规划之路［J］. 中国德育，2013，8（13）：68-69.
② 曾维希. 生涯发展的混沌特征与生涯辅导的范式整合［J］. 电子科技大学学报（社科版），2012，14（1）：68-72.

值得注意的是，自我规划既要放眼长远，也要立足当下，把学业规划和生涯规划相互关联，使之相辅相成。让职业规划发挥蓝图效应，引领学业规划的具体方向；让学业规划成为实现蓝图的务实之策，将憧憬和梦想转化为务实之举。

（二）自我规划与自我规划教育的价值追求

《礼记·中庸》有云："凡事豫则立，不豫则废。言前定则不跲，事前定则不困，行前定则不疚，道前定则不穷。"豫，也作"预"，指事先做好计划或准备。这段话告诉我们计划的重要性，计划先行是一切事情成功的基础。在"四自"德育体系中，自我规划是自我教育、自主发展的基础。

长到整个人生，短至一个学期，甚至一个假期，规划就是先画出"蓝图"，然后在"蓝图"指引下有计划有策略地付诸实施。虽然不是完全按部就班，但这个"预先的策划与设计"，既能克服行动的盲目性，又在过程中用来指导和校正自我行为，具有不可或缺的价值。于国庆在《大学生自我控制研究》[①]中指出，如果把人生之旅或某个阶段的学习生涯当作是要建立一个"大厦"，同样非常需要自我规划，先绘就"心中蓝图"。自我规划"心中蓝图"对其他要素的价值就好比心脏对我们大脑、四肢的价值一样，它通过广泛连接的"循环系统"为它们提供能量和营养。自我规划为自我执行提供行动目标和计划，为自我评估提供判断标准，为自我激励提供方向，为自我校正提供依据，把自我觉醒转化成行动方案。这个比喻及其意义揭示是非常精当的。

自我规划教育一方面是要唤起学生的自我规划意识，另一方面是要培养学生的自我规划能力。自我规划教育除了帮助学生正确认清自我，

---

① 于国庆.大学生自我控制研究［J］.心理科学，2005（6）：1338-1343.

克服发展的盲目性，因"预"而"立"，还发挥着自我教育与自主发展引擎的作用。不论是生涯规划，还是学业规划，其核心价值是点燃学生的生命活力，唤起学生深层的学习动机和发展动能。也正是在这个意义上，我们把自我规划视为"四自"发展力的基础。通过自我规划教育，培养学生适应时代变化所需要的关键能力和必备品格，使之积极地不断地实现自我发展与终身发展。

（三）自我规划教育的具身化路径

具身认知理论认为，个体认知的发展不是仅指发生在"身体以上的头脑"学习活动中，而是强调利用身体图式的方式获得个体和社会经验，丰富认知、发展能力。这就要求自我规划教育需要紧扣学生实际，通过创设活动或基于真实生活的情境，搭建促进个体与环境交互作用的支架活动，调动身体参与，赋予身心体验，激发学生自我规划的意识，在身体参与的实践互动中开展自我规划，提升自我规划的能力。

自我规划教育的具身化路径，既蕴含自我规划教育的内在脉络，又体现具身认知的基本特征。达成自我规划的实践路径包含：唤起规划意识—加深自我认识—促进社会理解—达成自我规划。这一实践路径不是发生在头脑中的思考，而是在教师与学生共创的具身实践中达成的，其要求具身的内涵与特征，即身体性、情境性、互动性与生成性。

唤起规划意识。规划意识是自我规划的起点，自我规划不是在他人支配下被动地执行，而是基于主体自觉意识，主动思考为什么要进行规划，如何才能有效规划，不但有自觉规划的主观意愿，还要有实现规划的行动意识。而这种自发自主的规划意识与行动并不是天生具有或头脑中突然迸发，它需要教师通过创设引发思考的情境，如"虚拟未来""来自三年后的一封信""生涯图书馆"等能调动学生身心参与的情境，触发学生真实体验与思考，激发学生自我规划的内生动力。

加深自我认识。清晰合理的自我认识是规划的基础。自我认识是对自己的兴趣、性格、能力、价值观、优劣势等自我内在特征的认识。规划只有建立在清晰的自我了解之上，才能以此为起点，合理制定规划。而对自我的深入了解必须依托与他人、与环境的互动，在互动中完成自我觉察、自我反思。因此，在自我认识的教育引导中，需要通过设计与他人、与环境互动的教育活动，在活动中引发觉察与反思，在互动生成中加深对自我的理解。

促进社会理解。无论是立足人生发展的生涯规划，还是基于当下的学业规划，乃至落实到年、月、日的生活规划，都不能脱离真实生活的世界。比如个人生涯规划必须依托对真实职业、大学和专业等外在环境的基本探索与理解，而学业规划和生活规划又是生涯规划得以发展的分解与落地。因此，从规划的内在逻辑来看，从生涯规划到学业和生活规划，其合理性、可行性必然是建立在对社会的真实了解中，依据真实生活与社会理解制定规划、修正规划、践行规划。这就需要创设丰富多元的真实体验，让学生走出"象牙塔"，在广阔的真实世界中，在职业领域、大学校园中……，通过身体的体验，与环境的真实互动，促进对社会真正的理解，从而在心底生发出目标感、规划性与行动力。

达成自我规划。自我规划不仅是有规划的意识，还要有规划的具体实践，包括对自我未来发展方向的规划，如何基于生涯规划开展学业规划、时间规划等，并在执行规划的行动实践中激活自我监督与反馈，并根据反馈，灵活地进行调整。因此，自我规划的具身路径必然是在身心参与的、基于真情实景的具身实践与互动中达成。

二、自主管理与自主管理教育

每个人都有追求自我价值的实现和个体成长的渴望，这种追求集中体现在自主上，即自己的事情自己做主。自主不仅是一种权利，也是一种能力，它倡导的是个体拥有独立自主的生命姿态。管理即个体"通过计划、组织、领导、协调、控制及创新等手段实现既定目标的活动过程"[①]。自主管理就是把自己作为管理对象，自觉控制自己的思想和行为，达成某种目标的活动。通过自主管理，个体能够更好地发掘自身潜能，掌控自我人生，获得更大的成就感和满足感。在社会集体生活中，自主管理更是一种精神的体现，它鼓励个人的主动性、创造性和责任感，促进个人与集体的共同成长和发展。"四自"德育中的自主管理教育，就是强调唤醒学生的自主意识，提高自主管理能力，培养学生的自主精神，让学生为自己的人生负责，成为社会的栋梁之材。

（一）自主管理与自主管理教育的内涵

自主管理既是一种个体层面的自我约束与自我控制的管理模式，也是一种集体层面的教育管理模式，旨在通过激发学生自身蕴藏的内驱力和潜能，积极主动地、创造性地弘扬主体精神，并在实现学生的个人价值的同时达成集体目标。

苏联著名教育家苏霍姆林斯基曾说过"真正的教育是自我教育"，同样，真正的管理是自主管理。自主管理教育是指学生在教师积极引导下发掘自身潜力，确立自我发展目标，进行自我约束与控制，进而推动个体与社会共同发展的一种教育模式。"四自"德育中的自主管理，主要体现在学生对自己的时间、身体、情绪、社交等方面的管理与控制上。自主管理时间，要求学生自主设定清晰的目标和计划，安排好自己在什么时间做某件事，使用多少时间做，以达成目标；自主管理身体，主张学生树立健康意识，时刻关注身体状况，通过规律作息，维护身体健康；自主管理情绪，引导学生主动关注自己的情绪状态，及时调节和控制情绪，避免情绪冲动或失控，促进心理健康；自主管理社交，帮助

学生设立和维护一定的社交圈，培养良好的社交技巧，发展人际关系，提升社交自信心。

显而易见，学生自主管理中的时间、身体、情绪和社交是学生生活中非常重要的几个方面，它们之间密切相关、相互影响。一个学生的时间安排会直接影响到身体、情绪和社交状况，同样身体健康也会影响学生的时间安排、情绪好坏和社交积极性……在学生的日常生活中，学生应该通过自主管理，合理规划时间，保持身体健康，维护良好情绪，积极参与社交，以实现个人成长和全面发展。

（二）自主管理与自主管理教育的价值追求

《钱公良测语·规世》有云："治人者必先自治，责人者必先自责，成人者必先自成。"这句话中强调了在管理他人、批评他人之前，必须先管好自己。同时这句话告诉我们自主管理的理念由来已久。只有管理好自己的人，才能更好地领导和管理团队。在具身德育的"四自"教育体系中，自主管理是自我教育、自主发展的保障。

自主管理是一种全面的教育管理模式，涉及学生生活的方方面面。文艺复兴时期蒙田、维多利诺就认为"教师应帮助学生建立自己决定的素质""兼顾学生身心的协调统一发展"。在"四自"德育体系中，我们对学生的"自能学习"进行了专门而详细的阐述，故在"自主管理"这一部分对学生的学业管理仅略笔带过，将学生日常生活中的时间管理、身体管理、情绪管理和社交管理纳入本章节。虽并不全面，但也可以点带面、管中窥豹，了解自主管理在新时代学校教育中的重要体现。在具身德育中推进自主管理教育时要力求实现如下价值。

首先，促进学生的个体成长。自主管理教育有助于培养学生的自主意识和自我管理的能力，引导学生主动照顾好自己的身体和生活，有助于提升学生的自信心和责任感，增强他们的抗压力、耐挫力，激发学生的创新精神和实践能力，为他们的未来发展奠定坚实的基础。

其次，提升学生的综合素养。自主管理教育通过培养学生的时间管理能力、团队合作意识、领导力、创新力等多方面能力，让学生不仅能更好地应对学习上的挑战，还能够更好地适应未来社会的发展需求。未来社会是个多元的社会，需要的人才是创新型、复合型人才，自主管理的最终目标是全面提升学生的综合素养。

最后，促进学生的全面发展。每个学生都是独一无二的个体，他们有着不同的性格、兴趣和才能。自主管理教育尊重学生的差异化，鼓励学生根据自己的特点和兴趣进行发展。这样的个性化发展和多元化成长，能引导学生独立自主、自立自强，做一个德智体美劳全面发展的人。因此，自主管理对学生的全面发展有积极的促进作用。

不论是促进个体成长、提升综合素养，还是促进学生全面发展，自主管理这种模式都能为其提供强有力的支持。也正是这个原因，我们把自主管理视为"四自"德育的保障。通过自主管理能力的培养，能让学生在自我的时间、身体、情绪和社交管理中获得全面的发展和持续的提升。

（三）自主管理教育的具身化路径

具身德育中的自主管理教育，需要从学生的真实需要出发，通过创设真实生活情境之下的具身活动，调动身体参与，赋予身心体验，促进交流互动，以培养学生自主管理的意识，在身体参与的各项活动中开展自主管理，提升自主管理的能力。

在具体实施过程中，可以尝试"激发管理需求—巧妙引导支持—加强情绪管理—提升自主管理"这一实践路径。这一路径既符合自主管理的基本理念，也具备具身认知的基本要素。简单来说，就是在以学生为主体的自主管理活动中，通过"情境创设""身体参与""互动体验""多元生成"等支架，体现具身德的"身体性""情境性""互动性""生成性"几大特点。

激发管理需求。管理需求是自主管理的前提，没有内在需求的管理不可能成为自主管理，基于学生内在需要的管理，不止于引导学生管理自己的"形"和"行"，更重在管理自己的"心"和"神"。自主管理的真正发生，源于学生对自我需要的清晰认知，也源于学生自律自觉的坚定坚持。在具身场景中，我们努力创设符合学生生活实际的情境，充分重视对学生的身体理解，注重学生的目标生成，以激发学生真实的管理需求。如在引导学生进行时间方面的自主管理时，我们通过"时间规划师"的具身活动，创设真情实景，对标内在需要，有效激发学生自主管理的需求。

巧妙引导支持。自主管理不是放任自流，相反，它需要更科学、更智慧的引导与支持。教师应该改变自己的角色定位。在自主管理活动中，教师应是引导者和支持者，而不是领导者和监督者；学生应是策划者和参与者，而不是被动接受者。只有当师生的协作发生在具身的活动场景中，才能有效满足学生自主管理的内在需求。如"五四艺术展演""点亮中国"等主题活动，教师根植具身化的自主管理理念，引导学生身体参与、亲身体验，在师生、生生的分工协作、真诚对话与互动生成中，增强学生的活动策划、组织宣传、人际交往和时间管理等方面的综合素养，以大大提升学生各方面的自主管理能力。

加强情绪管理。情绪管理是当今青少年特别需要提升的一项自主管理能力，它俨然已成为影响青少年身心健康发展的重要一环。我们知道，具身认知与身体感知息息相关，而作为身体感知视角的情绪管理，更加强调学生自我的心理体验和身体参与。然而，许多学生在自主管理中，觉得最难理解和控制的就是自己的情绪。情绪问题会让学生在学习、生活和社交中遇到诸多困扰，最终影响其身体健康、生活质量。我们通过如"稳定情绪，助力成长"系列情绪成长营具身活动，让学生亲身参与、准确觉察自己的情绪，并理解这些情绪背后的身体和心理需求，从而更好地控制自己的情绪，加强自主情绪的管理能力，促进自我的身心健康发展。

提升自主管理。具身行动和自主管理二者在本质上是相辅相成的，具身行动需要发挥学生的主体性、自主性，而自主管理也需要学生亲身参与体验、互动生成，通过具身德育活动引导学生进行自主管理的培养，能更好地将具身认知的特点与自主管理的理念有机结合起来，发挥二者的德育合力，促进学生在时间、身体、情绪和社交等多方面自主管理能力的提升。我们通过"走出校园实践，促进知行合一"的志愿者活动，把具身行动从自身、校园扩展到社区、社会，在真实的社会情境活动中，彰显具身德育的"实践性""参与性""生成性"，并将其与自主管理中的"自主发现""自主体验""自主判断""自主转化"进行有机整合。由此带来具身德育与自主管理的全面提升，激发和促进学生更高水平的自主发展，"立德树人""自主创新"，培养符合新时代需求的综合性、复合型人才。

三、自能学习与自能学习教育

每一个人的成长都是一场马拉松，不同的人生阶段，有着不同的任务和使命。学生要实践终身成长，实现自主、自觉、能动地、持续地发展，成为能够担当民族复兴大任的自主发展的时代新人，没有自能学习是难以做到的。自能学习教育，就是要培养学生的自能学习意识，提升学生的自能学习能力。

（一）自能学习与自能学习教育的内涵

自能学习是指个体自觉确定学习目标、制定学习计划、选择学习方法、监控学习过程、评价学习结果的能力。学生个体或群体，不能只是依赖他人帮助，还要凭借自身的学习和同学的交流，进行主动的并最终有所收获的学习。此处的"学习"既包括学生的学业学习，也包括学生的生活常识、自我成长、团队关系、视野特长等多方面学习活动。

自能学习教育是指通过一系列具体的自能学习实践活动，培养学生自能学习意识和提升自能学习能力的教育。对高中生而言，主要包括营造自能学习氛围教育和自能学习方法教育。营造自能学习氛围教育是帮助学生基于自己所处学习环境，排除客观干扰，科学统筹相关资源，形成安静、高效、有助于学习的自我主导学习环境；自能学习方法教育是在"具有适应终身学习的基础知识、基本技能和方法""强调形成积极主动的学习态度""关注学生的学习兴趣和经验，精选终身学习必备的基础知识和技能"的基础上，教给学生适应终身主动学习的必备知识、关键能力与态度，既包括着眼于学生在高中阶段所面临的成长与升学的特殊需求，培养学生以终身学习为核心的学习能力，也包括面向更长远的发展，在把握时代发展趋势基础上，培养学生以自主发展为核心的学习能力。

需要我们关注的是，自能学习既要放眼长远发展，也要立足当下实际，把学习氛围和学习方法相互关联，使之相辅相成。让学习氛围发挥环境浸润效应，引导学生愿意学；让学习方法成为实现成长的抓手，将理想转化为切实行动。

（二）自能学习与自能学习教育的价值追求

《礼记·学记》中有言"教也者，长善而救其失者也"。教育的过程应该帮助学生在学习中发挥特长，同时纠正错误，让学生学会适合自己的学习，掌握学习的能力。其中还提出"道而弗牵，强而弗抑，开而弗达"，就是说对学生的教育要引导，但不能灌输；要鼓励，但不能压抑；要善于启发，但不能直接说明。这些都是老师引导学生自能学习的方法，也是自能学习在中国传统教育中重要地位的有力例证。这段话同时告诉我们自能学习的重要性，自能学习是自主发展和终身成长的基础。在"四自"德育体系中，自能学习是关键。

不管是学业这本有字之书，还是生活这本无字之书，都需要我们在成长的过程中持续不断地学习。进入21世纪，国家的发展靠知识，知识的竞争靠人才。何谓"人才"？从个人的角度来讲，要实现自身的价值；从社会的角度来讲，又要进一步创造更多的财富。归根结底，仍然要以学习为核心。在新课标背景下，提倡核心素养立意的今天，学习能力的培养尤为重要。学生能否自行制定相关学习计划，自行监控学习过程，很大程度影响着学生的学业发展和成长。在社会信息化高速发展的今天，外界的诱惑颇多，如果学习需要依赖外力（父母或老师）的安排与推进，在繁重的学习压力下难以获得成就感。这就需要以制定目标或开展活动的形式帮助学生培养内生的学习动力，在内心燃起不断前进的火焰，生发出强大的内驱力。人才的培养要以学习为本，要使人会学，善学，在自能学习中获得提升，在自能学习中走向成功。

自能学习教育，一方面是要培养学生的自主学习意识，另一方面是要通过科学的方法提升学生的自能学习能力。自能学习教育除了帮助学生学会营造有利的学习氛围和学习环境，克服不利环境的干扰，还发挥着让学生学会学习"抓手"的作用。不论是自主学习意识，还是自能学习能力，其核心价值是"内心燃起不断前进的火焰"，唤起学生生发出强大的内驱力。因此，我们把自能学习视为"四自"发展力的关键。通过自能学习教育，培养学生适应时代变化所需要的持续学习力，帮助他们实现终身成长。

（三）自能学习教育的具身化路径

在具身认知理论视域下，认知过程既要发挥身体、环境等的独特作用，又要重视二者整体的交互作用。人们通过身体接触、认识世界，并将身体置于一定的情境中，通过身体与环境的交互，生成认知体验。自能学习教育需要在真实的学习情境中，通过学习氛围营造、活动创设等，让学生在身体参与的学习实践中，激发自能学习的意识，增强自能学习的能力。

自能学习教育的具身化路径，密切联系了自能学习教育的内在脉络与具身认知的基本特征。达成自能学习的实践路径是：营造学习氛围—优化时间管理—完善效能管理—革新自能学习。这一实践路径在教师与学生共创的具身实践中逐步达成，体现了具身的身体性、情境性、互动性与生成性等内涵与特征。

营造学习氛围。学习氛围的营造，学习环境的创设，是自能学习的前提。自能学习需要一定的学习场域，学校、家庭、社会都是学习的重要环境。根据不同的环境和场域，营造适合自己的学习氛围，是实现自能学习的基础和环境保障。而这种学习氛围的营造意识与行动并不是自然而然形成的，需要教师通过创设引发思考的情境，如"入室即静、入座即学""我的学习小天地""社区自习室"等能调动学生身心参与的情境，触发真实体验与思考，让学生学会在不同的学习场域，触发具体的体验与思考，营造适合自己高效学习的氛围。

优化时间管理。科学的时间管理是自能学习的重要基础和保障。时间管理包括对校内、校外、作业、自习、运动、假期等特定时间段的管理。优化时间管理必须建立在清晰的时间了解之上，才能以此为起点，优化个人时间管理。对时间的清晰的认知，必须依托与他人、与环境的互动；在互动中真实地了解自己可以掌控的时间，才能进行科学的时间管理。因此，在自能学习教育引导中，需要通过设计与他人、与环境互动的教育活动，在活动中引发思考，在深度互动与生成中加深对时间的感知和理解，从而学会珍惜时间，优化时间管理。

完善效能管理。无论是基于具体场域的学习氛围，还是着眼于学习实际的时间管理，都不能脱离真实的学习环境和学习过程。如学习氛围的营造必须依托对自己所处的环境（学校、家里、图书馆等）进行基本探索与了解，才能依据不同的场域，为自己创设高效的学习环境。因此，在自能学习教育的引导中，需要设计在不同场域和环境的教育实践活动，在活动中体验，引发思考，在互动生成体验中学会对自己学习进行调整。

革新自能学习。自能学习不仅仅需要一种意识，还要具体的学习实践。自能学习包括对学习目标的设定与激发、学习内容的选择和规划、学习资源的获取和应用、学习策略的革新与运用、学习过程的调整与监控、学习探究的深入与实践。创设丰富的学习体验，在具身应用中辅助相应的学习工具，帮助学生定期复盘自己学习的各个环节，根据复盘情况进行灵活调整。因此，自能学习的具身路径必然是学生基于真实学习情境在实践中养成的。

四、自强发展与自强发展教育

自强是个体不断提升自我、充分发挥自身潜能、努力进取、克服困难的一种人格动力特质[①]。自强精神不但是高中生应具备的重要道德品质，更是实现个人美好价值的动力源泉。自强发展是学生个体通过自我认知、自我调控、自我激励等手段，实现自我成长和发展的过程。自强发展与自我规划、自主管理、自能学习等前置环节有机关联，作用于学生的终身发展。

（一）自强发展和自强发展教育的内涵

自强一词最早出自《周易》："天行健，君子以自强不息。"意思是说天的运动刚强劲健，君子处事应像天一样，自我为求进步，刚毅坚卓，发奋图强，永不停息。自强是指个体持有积极向上的态度，坚韧不拔，通过自身的努力和勇气，克服困难，提升自身的能力和水平，不断

① 郑剑虹. 自强的心理学研究：理论与实证［D］. 重庆：西南师范大学，2004.

向上、进取的能力态度。①这并不仅仅是一种精神状态，也是一种实际的能力表现，是适应社会发展和应对挑战的重要素质；更是一种生命观念，是人们对于生活和人生的积极态度的体现，体现了对个体独立、自主、自信等人格特质的尊重和推崇。

自强发展不仅是个人在瞬息万变的环境中通过不懈努力实现自我完善与能力提高的动态过程，更是一种积极的精神改革。这种改革不依赖于外力推动，而是源自内心的自我驱动，它不仅体现为个体发展的质的飞跃，还表现为个体在追求卓越道路上自我认识的深化和成就感的增强。自强发展的实质涵盖了自我完善、持续强化、自主性、适应性等多维度的自我革新，它是个体在教育实践中所展现的自我奋斗和超越精神的集中体现。作为一项关键的德育目标，自强发展更是每个人应努力抵达的境界，它象征着不断追求进步、勇于自我革新的改革精神。

自强发展教育是指通过一系列有目的的教育活动，为学生提供锻炼自我、自我认识和自我价值感的机会，通过教育活动的实施和学生实践经验的积累，激发他们的内在动力，培养他们的自强的精神和实践能力。自强发展教育既体现了德育的教育目的，也构成了德育的教育手段，其核心在于培养学生的自主性、坚韧性和自我提升能力，实现学生全面而持续的发展。对高中生而言，自强发展的成果体现在他们在校期间取得的成绩和未来长期发展中个人综合素质的提升。

（二）自强发展与自强发展教育的价值追求

张岱年曾强调过自强精神的重要性，他指出其"在铸造中华民族的民族精神上，起了决定性的作用"，是"中华民族精神的主要内容"，是"中华民族最重要的民族精神"，是中华民族历史上"一个一贯的文

---

① 黄青松. 创新自强教育模式促进学生自主发展［J］. 学校党建与思想教育，2012
（2）：26-28.

化精神"，是"中国文化传统的基本精神"，"中国文化的基本精神或中国文化发展革新的内在契机"。①青年是民族发展的重要力量，正所谓"少年强则国强"，将自强发展精神贯穿在对学生教育的过程中，不仅有利于他们个人的成长和发展，更能成为社会进步和民族复兴的重要推动力量。

自强的力量不仅能够让个人展示自己的辉煌，还能够把个人塑造成国家的栋梁之材，为民族复兴注入不竭的动力。对学生而言，自强发展教育能够促进个体的自我提升，使个体在知识、技能和素质等方面得到全面提升，实现自身潜能的开发和自我价值的实现。正如有学者所言，心灵不是内在模型和表征集聚的特殊内在场所，而是一个大脑、身体和环境整合的、相互交织的复杂系统的活动和过程。②学生通过不断反思和总结自己的成长经历，发现自身的不足并寻求改进，从而实现自我成长。通过实现自强发展，学生在高中阶段获得更好的学业表现，通过批判性思考和自主学习，形成鲜明的个性特征。当学生步入大学，自强发展教育助力学生积极探索解决问题的途径，实现学业上的成功。同时，学生求职时的竞争力和适应能力也得以提升，他们往往能以积极的心态面对挑战，克服困难，提升自身能力，更好地处理人际关系。在自强发展教育下取得的丰富成果能使个体获得成就感、满足感和自我价值的提升，进一步增强自信心和自我效能感。个体的素质和能力的提升推动着社会进步，人的自强发展形成社会整体的自觉、自信、自强，这既可以为人和社会的科学发展提供科学依据，从而使人们追求发展的活动获得成功，又可以为人和社会的科学发展提供意义支撑，从而解决为谁发展

---

① 杨建营，王家宏. 中国文化的基本精神"自强不息，厚德载物"及其现实价值 [J]. 苏州大学学报（哲学社会科学版），2015（2）：37-42.

② 李恒威，盛晓明. 认知的具身化 [J]. 科学学研究，2006，24（2）：184-190.

和发展目的问题，并为人和社会的科学发展提供强大的动力。[①]

（三）自强发展教育的具身化路径

具身理论强调身体与心理的交互作用，个体的认知发展要通过身体的参与和体验来获取真实经验，丰富认知和发展能力，外化表现为各领域学生取得的成果及过程中个人的全面发展。因此，在自强发展的路径中，需要鼓励学生积极从实际生活的具身活动或真情实景中，充分调动个体的身体参与，在社会活动中获取身心体验，从而激发学生的自强意识，并在实践互动中逐步实现自强发展。

自强发展是一个过程，强调个体从自强的意识唤起到自我认识加深，再到社会理解促进和自我规划实现的一系列连续步骤。自强发展教育是一个完整的，系统化的过程，不仅涵盖了个体认知、情感、行为等方面的全面发展，更是自我意识、自我规划、自我实现等多个层面持续成长的体现。具身理论的融入使得自强发展教育更加注重个体与环境的互动，以及身体参与在自我成长中的重要性。通过参与具身活动或真情实景，个体可以在实践中获得积极的情感体验和实际能力的提升，从而更好地实现自强的目标。这个过程是动态的，要求个体不断在实践中反思、学习和发展。

营造自强的校园文化。校园文化在个体自强发展过程中具有重要地位，优良的校园文化能够为个体提供丰富的精神营养，为个体提供良好的氛围、丰富的身体体验和精神滋养、社会参与机会以及全面的成长环境。需要指出的是，此处的"文化"强调的不是某种概念知识的获得，而是一种通过身体体验而获得的领悟和理解。学校应该为学生提供丰富的实践机会，如运动会、文艺演出、学术讲座等，鼓励学生积极参与各

[①] 漆玲. 从人的发展看文化自觉、自信、自强的重要意义［J］. 道德与文明，2011（6）：9-12.

类具身实践，让学生从自己的身体体验，即从第一人称"我"的观点获得的理解，是一种现象学的认识方式。[①]学生获得鲜活的体验，有助于明确自身的理想目标，提升意志品质，激发主观能动性。

发挥教学中的自强引导功能。课堂是教学的主阵地，也是德育渗透的主战场。教学不仅是知识的传递，更是情感态度、价值观和社会交往能力的培养方式。作为一种全新的认知范式，具身认知对于实现课堂有效教学，促进学生健康、主动、整合地发展具有至为重要的价值。[②]教师通过教学活动，可以传递正面的情感态度和价值观，引导学生形成正确的世界观、人生观和价值观。班主任应与学科教师形成合力，充分利用好班会课和学科课堂。在班会课中，可以通过组织主题活动，如自强主题演讲、自强故事分享等，引导学生树立自强意识，激发他们的内在动力。在学科课程中，教师可以根据教学内容渗透自强精神的培养。例如，在人文课程中，引导学生了解自强不息的历史人物和故事，激发学生的自强精神。同时，学科教师设置具有挑战性的任务和问题，让学生在解决问题的过程中培养自强精神。

形成促进自强的社会合力。当代青少年思想道德品质的形成和发展，不仅与学校德育有着直接的关系，而且与社会经济、政治、文化发展的现实状况以及家庭德育等因素有着至关重要的关系。因此，要促进青少年的全面发展，无论是从理论上还是从实践上来说，构建学校、家

---

① 叶浩生. 身体的教育价值：现象学的视角［J］. 教育研究，2019，40（10）：41-51.
② 王会亭. 从"离身"到"具身"：课堂有效教学的"身体"转向［J］. 课程. 教材. 教法，2015，35（12）：57-63.

庭、社会"三位一体"的德育系统工程都是十分必要的。[①]家庭是个体成长的第一环境，家庭教育是自强发展的基础。学校是个体接受系统教育的场所，是自强发展的关键。社会是个体成长的大环境，社会教育是自强发展的延伸。三者相辅相成，共同为个体的自强发展提供有力支持。学校需要加强家校联系，推动师生互动，强化同伴互助，利用社区资源，整合校内资源，建立多方参与的监督机制，并开展多元化的教育活动。将家庭、学校和社会三方的力量汇聚起来，形成一个支持学生自强发展的合力环境，为学生提供更加全面和丰富的成长体验环境。

加强过程评价激励。学生的体验是长期的经历，过程中的评价激励对其培养自强发展发挥着重要的作用。过程性评价不仅能够即时反馈学生的学习状况，还能够帮助他们识别和强化优势，针对性地改进不足。学生可以了解到自己的学习进度和成果，发现自己的优势和不足，从而激发自我反思的动力，还可以培养学生的自主学习和自我管理能力，使他们学会如何自我监控和评估自己的学习过程。过程评价激励还有助于形成积极的学习氛围。以身体为媒介的个体间的情绪"共鸣"是情绪性观察学习和指导学习的基础，[②]通过切身感受到积极的评价和反馈，学生能够感受到成就和进步，增强自信心，形成积极向上的学习氛围。除了学习成绩，教师还应持续关注学生的综合实践活动表现，提供及时的反馈和激励，以促进学生的自主学习和全面发展。

注重引导反思突破。反思能够提升自我认知、培养批判性思维、激发内在动力、促进持续改进、增强自我驱动力，以及培养自我管理

---

① 车广吉，丁艳辉，徐明. 论构建学校、家庭、社会教育一体化的德育体系——尤·布朗芬布伦纳发展生态学理论的启示［J］. 东北师大学报（哲学社会科学版），2007（4）：155-160.

② 刘亚，王振宏，孔风. 情绪具身观：情绪研究的新视角［J］. 心理科学进展，2011，19（1）：50-59.

能力。教师要能将师生在教学活动中出现的"错误"变成有用的"资源"，以促进学生整合地发展。[①]在评价与反馈的基础上，教师可以通过将反思环节融入课程、提供专门的反思工具、组织小组讨论、教授反思方法和给予及时反馈等方式，有效指导学生进行自我反思，从而帮助他们在认识自我、规划发展、解决问题和自我管理等方面取得突破。通过反思实践，不仅可以促进学生的内在动力和自我驱动力，还能够提升他们的批判性思维能力，激发持续改进的动力，最终实现个体的全面自强发展。

运用具身认知理论升级"四自"教育的内容与策略，为学生的自主教育和自主发展力的提升营造多层次、多维度的具身情境，在情境体验中育德，在具身认知中发展，学校德育才能经得起现实检验，学生的德性品行才能从"玻璃式"养育走向"现实中"生长。

---

① 李政涛. 教育常识［M］. 上海：华东师范大学出版社，2012：187-190.

第三章

具身视域下的
自我规划

《国务院办公厅关于新时代推进普通高中育人方式改革的指导意见》高度重视学生自我规划、自我设计的意识与能力的培养，倡导以学生自我规划能力提升来唤醒其学习自主性、明晰其学习方向性、找准其策略衔接点、强化其自我效能感。自我规划是个体自主性彰显的需要，也是个体德性养成的需要。道德品性的生成与发展，意味着个体对群体共识和价值规范进行自我确认，并在个体道德水平与群体伦理规范中谋求个体自律向群体自律转型的思路、方式和策略。德性养成的关键又在于自我意识的觉醒与自我行为的调节，这本身就内蕴具身性，体现出具身视域下德性养成的自主性、规划性和反思性。具身视域下的自我规划，是以具身认知理论为指导，带动学生自发思考自身特点与发展方向，从着眼当下成绩变化，进而着眼于自己的人生规划，既蕴含自我规划教育的内在脉络，又体现具身认知的基本特征。

　　具身论对知行规律、反身逻辑的强调和重视，决定了具身视域下的自我规划，应该也必然遵循如下思路：唤起规划意识—加深自我认识—促进社会理解—达成自我规划。通过创设具有"身体性""情境性""动力交互性""生成性"四个关键特征的具身活动案例，分别从时间规划——"做自己的'时间规划师'"、学业规划——"选择'C位'学科，点亮'C位'人生"到生涯规划——"生涯探索长作业"三个维度进行活动设计与开展。各案例以任务驱动为媒介，让学生在具身情境中，调动身体与大脑参与，以"情"促"知"，以"知"生"情"，以身心在场的状态培育自我规划意识和自主规划能力。同时，活动的开展遵循由简单到复杂，由眼前到未来的常识逻辑，潜移默化地不断提升学生的自我规划能力。

案例1 做自己的"时间规划师"

——具身视域下高中生自我规划综合实践活动

叶澜认为，"'新基础教育'的宗旨是从生命和基础教育的整体性出发，唤醒教育活动中的每一个生命，让每个人都'活'起来"[①]。但从基础教育发展现实样态看，学生参与教育活动中主体意识和自主能力的彰显力度仍显不足，相当一部分高中生在自我规划与执行等方面存在能力欠缺，容易出现"仰望星空与脚踏实地"的知行割裂问题。对此，我们认为，根据学生学习生活中的真情实景，解决学生遇到的真实问题，开展具身视域下的自我规划综合实践活动，赋予学生自我规划的自主性和执行力，可以帮助学生形成清晰的自我认识，促使其从"要我规划"转变成"我要规划"，建构"具身自主型"学习者身份。

对高中生而言，自我规划教育主要包括学业规划教育和生涯规划教育。学业规划教育是帮助学生基于学业现状，形成对自己学业目标、行动方案的清楚认知和执行策略；生涯规划教育是教给学生适应未来社会

---

① 叶澜. "新基础教育"研究引发的若干思考 [J]. 人民教育，2006（7）：4-7.

发展所需要的必备知识、关键技能与态度，既包括着眼于学生在高中阶段所面临的成长与升学的特殊需求，培养学生以选择能力为核心的规划能力，还包括面向更长远未来，在把握时代发展趋势基础上，培养学生以社会适应性为核心特质的规划能力。

本案例中，我们引导学生从自己学习生活中的时间规划入手，小处着眼，以点带面，循序渐进地培育学生的自我规划能力和生涯规划能力。

一、唤起规划意识，加深自我认识

规划意识是自我规划的起点，自我规划不是在他人支配下被动的执行，而是基于主体自觉意识，主动思考为何规划、规划什么和怎么规划等问题，并基于自我状态对规划内容、方向和策略进行个性化调整。自发自主的规划意识与行动并非自然遗传的天赋或者头脑中灵光乍现的灵感，它需要通过教师创设的情境引发思考而产生。

有了规划意识，还需要进一步加深自我认识。自我认识是影响学生计划能力的关键因素。自我认识是一种自我诊断，是对自身具有何种能力、擅长什么领域、喜欢何种学习方式、具有何种思维习惯等进行理性认知和科学诊断的素质要求。自我认识需要教师引导，需要环境支撑，需要自我意识的觉醒和强化。该阶段的活动实施步骤如下：

（一）学生参与具身心理活动课程，初步唤醒规划意识、进行自我认识

高中生初步具备自我意识，但这种自我意识还是经验性和体验式的，体现为被要求和被安排的被动状态。特别是在学业压力较大，学习节奏较快和家长较多关注学业表现的现实情境中，极易导致高中生自我意识式微。活动策划者之一的心理健康教师利用具身心理课堂，让学生通过情景式、系统化的生涯规划活动课程进行自我认知、生涯认知、时间管理和自我规划，形成对人生规划的基本认识和方法。具身心理课程内容如下：

第一课　有规划人生更精彩

第二课　学会认识自我

　　第一节　认识我的兴趣

　　第二节　了解我的能力

　　第三节　认识我的性格

　　第四节　明确我的价值观

第三课　专业与职业认知

第四课　科学决策

第五课　生涯管理

　　第一节　学业的规划

　　第二节　时间的管理

　　第三节　学习的发展

总结课　我的高中我做主，我的青春我把握——我的生涯规划书

第二节《了解我的能力》具身心理课堂片段呈现。

片段一

师：首先，请大家选择一个舒服的坐姿，跟随我的指令开始你的时光之旅。（插入微课：冥想指导）……好，请同学们睁开眼睛，将你刚刚想到的自己的名片，绘写在纸上。

生：制作自己的名片。（播放舒缓的音乐）

师：好了，欢迎来到毕业10年同学聚会，现在请同桌2人互递名片，介绍自己的职业。

生：同桌2人互递名片，呈现同学聚会的场景。（很热闹）

片段二

师：很棒，大家都对自己从事的职业以及这个职业所应该具备的品

质进行了思考。现在请大家思考：职场对求职者的能力要求有哪些？

生：学历、知识、能力、情商、情绪稳定、独立性……

师：（板书）同学们找到了这么多求职者应该具备的能力要素，有些是重复的，有些是交叉的，有些是独立的，这就需要我们对这些能力要求进行分类。其实早就有学者对能力要素进行了归纳，比如麦克利兰的冰山理论模型。（插入微课：麦氏冰山理论）

活动展示：学生在模拟求职面试的过程中对自我能力结构和发展水平进行个性化诊断和理性化评估，帮助学生理解和认识自我。

（二）学生利用心海导航测评软件进行测评，对自我认知进行校正

心海导航测评软件是一款专业心理测评软件，该软件提出了一套"三级评估+动态评估"的综合评估体系，能将量化数据与质性素材进行统整融合，生成关于自我心理状态的完整化、系统性诊断，所得结果的客观性和可参照性较高。软件数据提供了对自我认知和自我能力再诊断的可能，提供了认识和理解自我的"他者镜像"，为自我认知建构奠定了认知前提。

学生在充分亲身参与自我认知实践活动时，应当将参与体验与感悟以语言文字的形式固定下来，因为思维从抽象化体悟转向具象化文字的过程意味着对自我状态和能力的理性判断和能动反思。通过记录过程，将所思所想与现实情境紧密融合起来，并在填写《自我认识情况记录表》和《自我人生规划目标定位表》的过程中能动建构自我发展的图景和方向。

通过开展一系列情景式、体验式的实践活动，学生普遍提升了自我认知，对作为高中生应该肩负起的责任和使命等有了更清晰的认识，也间接提升了自我谋划、自我设计学习节奏和生活世界的意识与能力。如果说尚未开展此类活动前学生对学业、时间、生活和职业的规划还处于懵懂和偶发的状态，那么通过学习具身心理活动课程后，学生的自我认知与规划更加清晰，并且能以职业理想内生学习驱动力，逆推能力提升的方向和标准，确保自身规划更具针对性和操作性。

二、培养规划习惯，增进社会理解

自我规划不是闭门造车，在自我想象的世界中"自娱自乐"的抽象活动，而是在自我发展状态与社会发展诉求间的互嵌共生中重新思考我是谁、我应该具有何种能力、我应该如何培养这种能力的实践活动。同样的，自我规划也不是自我随意的、无序的设想和谋划，而是一种持续化、理性化的思考。第二课要求学生具有有序、合理、客观的规划习惯，要求学生合理客观、长期持久地思考自身发展方向以及这种方向在社会生活中的有效性和价值性。要做到这一点，首先需要亲身参与制订计划，创造实施计划的机会和空间。

在"时间规划师"具身综合实践活动中，学生根据实际情况，分阶段制订计划，包括"时间规划师初养成""时间规划师进阶版""时间规划师专业版""时间规划师大师版"四个阶段，教师应在制订计划前后给予及时有效的指导帮助，组织学习小组进行规划实施、过程监督和效果评估，之后分阶段进行小组评选、小组总结、班级讨论、优秀规划师评选与示范、家长反馈、自我反思等活动，促成学生合理有序地亲身体验、深度参与，引导自我规划能力养成的习惯化、常态化和系统化。

（一）启动"时间规划师"培养项目

（1）发致家长书，告知家长本学期将开展学生规划能力培养活动，讲明活动目标、意义、过程，恳请家长在检查、监督方面积极配合，大力支持。

致家长书

家长朋友您好！

"任务太多""时间不够""等会再做"这些常挂在孩子们嘴边的话语正逐渐成为阻碍他们高效学习的借口，这些借口背后折射出孩子们在学习时间管理、学习计划制订及学习任务执行等方面的能力欠缺。因此，为了提高孩子合理安排时间、科学制定计划及执行的能力，本学期在全班开展为期3个月的学生自我规划能力培养活动。

在此希望得到家长们的支持与积极配合！以下是具体配合的细节与要求：

1. 每位孩子会带回一本计划能力训练手册，请在"时间规划师培养计划"契约书上签名，扮演好孩子计划能力培养活动中的鼓励者与陪伴者。

2. 在周末及国庆期间，您将扮演孩子自我规划能力养成计划执行中"监督人"的角色；

3. 监督人的职责是：

（1）对照手册任务清单和时间安排，您需要每天查看孩子当天计划实施情况，并对计划完成情况进行诊断评分。请根据孩子真实情况在手册的"监督人评价"一栏进行0～10分的评分（评分为整数，分数越高说明完成情况越好）。

（2）鼓励并督促孩子认真填写手册内容，坚持完成。

感谢您的大力支持和配合！

家长签字：

年　月　日

（2）启动仪式，动员学生。向学生讲解活动的目标、意义、预期效果、过程和计划制订与执行中的关键要求，签订"时间规划师培养计划"契约书，在强化仪式感、庄重性和紧迫性的氛围中唤醒学生的重视度、参与感和主动性。

"时间规划师"契约书

计划是我们为了达到预定的活动目标，有意识地制订在未来一定时期内实现目标的方案途径。合理的计划以及漂亮的执行会帮助你一步一步离最初的梦想越来越近。相信你已经做好了准备，那就行动起来，勇敢接受挑战吧！

我愿意接受"　　　　"挑战，用心对待，认真完成，创造属于自己的精彩！

时间：2023年10月1日——2023年12月31日

挑战人：_____

监督人（同伴）：_____

监督人（父母）：_____

（二）阶段一：时间规划师初养成

活动情境：同学们，美好的国庆假期即将来临，你们想怎样充实愉快又不蹉跎时光呢？我希望你们能接受成为一名光荣的"时间规划师"的挑战，创造属于自己的精彩！

小组讨论：学生分小组讨论并制订自己为期一周的学习生活计划。

目标为"合理安排国庆期间的学习和生活"，板块分为：

（1）制订计划清单。

（2）耗时预测与时间分配。

（3）突发情况下应急调整方案。

（4）计划执行效果自评（0~10分）。

（5）监督人评价（0~10分）。

（6）计划执行过程与效果的自我反思。

学生初步学习并实施了自主规划的基本方法和步骤。

时间规划师初养成阶段，更强调学生规划意识的唤醒与强化，强调计划整体布局和步骤衔接，不会过于重视细节设计和执行的精准性。因此，学生从无计划的随意状态转向有意识的规划状态时，出现的烦躁感、无力感和焦虑心态是正常表现，我们需要做的是引导和帮助学生理解规划的重要性、熟悉规划的流程、养成规划的意识，消解无规划心理的束缚，为规划意识的唤醒和发展提供情绪、认知和情感上的支撑。当学生逐渐养成规划意识时，就会生成从容、细致、合理的规划心态，慢慢从无计划状态转向有序化状态，最终体现为行为上的改变。

（三）阶段二：时间规划师进阶版

活动情境：同学们，在上次的培训活动中，相信同学们已掌握了一定的时间规划方法，但我们还需要继续巩固加强，成为更好的"时间规划师"。接下来，让我们挑战"时间规划师进阶版"！

自我诊断：根据自身月考之后面临的学科短板问题，以及自身在校园活动与学业发展间的选择困难，结合自身实情制订个性化的计划方案。

目标内容：本次活动的总目标是"找准弱势学科，制订提升计划"，首先根据自身实际情况先找准弱势学科点，并对预期达到的目标进行可操作性拆解。如"弱势学科是数学和物理，本月目标是期中考试物理和数学成绩各提升5分"。再对本月中每周、每天的学习计划进行精准研判和合理规划，确保目标可行，时间合理。

这一阶段的计划制订，目标更明确，时间更精准，且计划时间延伸到课后，存在诸多不可控因素，这些因素对学生学习计划制订与执行的干扰性更强。这意味着，本阶段教师要引导学生强化时间管理，细化时间安排，增强学习自律。本阶段特别需要注意的是学生对预期目标达成度以及努力过后效果的不确定性存在较多担忧，惧怕付出了努力却达不到预定目标。此时教师应及时引导，帮助学生确立长远思维，不以短时目标达成情况来判定自身计划的合理性。

（四）阶段三：时间规划师专业版

活动情境：同学，你好！期末临近，为更有效地提升复习水平和进一步提升计划能力，请你继续认真参与第三阶段活动——"时间规划师专业版"。相信在这次活动过程中，你能吸取前两次活动的经验和不足，让自己在时间规划过程中成为专家型人才！

活动背景：通过初养成与进阶版的活动，学生已基本养成了计划制订、过程监督、检查反思的意识和能力，但仍会面临计划执行"高原现象"，容易出现习得性无助困境，迫切需要提升意志品质的坚韧性。针对即将到来的期末考试继续锻炼学生的计划执行力，让学生成为更专业的时间规划师。

活动步骤：

（1）根据实际情况选择需要提升的弱势学科，列出计划完成后预期的总目标。

（2）本项目共计时间4周（12月12日–1月6日），请在每周开始前提前制订好周计划。

（3）弱势学科复习计划要尽可能落实到可操作、可观察和可监测的层面。

（4）请主动寻求学科教师的指导建议，并将指导记录附在表内。

（五）阶段四：时间规划师大师版

活动情境：同学们，期待已久的寒假即将来临！相信大家已经养成了提前做好规划的习惯。假期是你们可以充分自主安排的时间，也是检验大家制订和执行计划能力的好时机。这次寒假结束后，我们将根据同学们在本次规划师养成计划中的表现，评选出"优秀时间规划师"，进行表彰奖励，希望大家再接再厉，迎接挑战！

活动背景：经过一学期的实践探索，学生在计划制订、过程监督、检查反思等方面已有一定经验，为了进一步巩固与检验学生的计划效果，合理安排假期生活，我们鼓励学生与家长共同参与学生自我规划制定与执行过程。由于寒假时间较长，学生的自我规划项目不仅涉及学习计划，还涉及旅行计划、读书计划、劳动计划、娱乐计划等，是对学生生活时间规划能力的全方位、立体化和系统性的锤炼。该阶段学生如能认真思考、合理规划、有力执行，将会极大提升自我规划能力，养成提前准备、合理规划的生活习惯和思维方式，并将这种思维运用到除学习以外的社会生活领域。特别是当学生凭借前期训练获得自我效能感以后，就会弱化其他外部因素（表扬、肯定、压力等）对自我规划的影响，自觉地将自我规划能力提升当成自我发展的义务，并将这种义务扩散到个体生活的全部领域。

评选颁奖：开学后，每个班选取10名"优秀规划师"，并让学生上台分享自己的培训心得以及领取奖状。这一活动的举行，使学生们的积极性空前高涨。

三、学会反思调整，完善自我规划

自我规划能力既表现为计划制订力，也表现为计划执行力、计划调整力和计划总结力。从反思对象差异看，可以分成他我型反思和自我型反思。前者借助教师、学生、家长等重要他者的反馈监督来推动反思过程，后者则借助学习者自身的觉悟和意志力来实现计划反思与优化。基于此，我们提出了两种具身情景式活动：

（一）进行"生生""师生"协作反思

虽然学生自我规划能力最终指向是有个体的自发自觉，但走向自发自觉的过程往往是在交往关系和互动关系中走向完善、合理和深刻的。高中生群体中常见的联系模式是"同伴协作"和"师生协同"。通过同伴互助的方式制订计划，并通过小组活动的形式监控各成员计划的完成情况，帮助成员动态调整计划；同时，利用师生协同的方式，也能为学生自我规划能力的发展提供有益的思路、灵感、技巧和智慧，发挥教师的指导作用。

1. 同伴协作

在本次项目式活动过程中，小组内部、小组与小组之间都有交流合作，在同伴协作情境下，计划任务的制订与执行往往更具有趣味性和参与性，更能创设出同伴认可的心理环境和同伴取长补短的合作精神。表现优异的小组进行集体成果汇报时，也能调动学生的积极性和参与度，间接强化学生竞争意识和协同品质。

例如，在小组开始进行计划学习之时，小组成员会在一起反思各自的计划的可行性，并及时作出调整。

小组部分成员计划反思：

刘××——计划安排很完善，但在执行过程中总会有些小问题来打断计划，完成时间变长，计划帮助我更好地去安排时间，让生活更有效率，更丰富。

陆××——每天的任务量要布置合适，并且每天都要提高效率，争取达到表上要求时长，不多不少。克服自己的懒惰心理和依赖心态，避免按部就班地按照老方法学习的倾向，尽可能创新思路，寻求老师和同学的帮助，保持一个乐观的心态，保质保量地完成每日计划。

黄××——如果没有这个计划表，我估计我所有的作业都会堆在最后两天来赶，这一周的作业我每天做适量的，到最后只剩下复习，它有助于我对自我的管理和约束。而且这样做，还帮助我逐渐克服了懒惰心态，遇到事情不再拖拉，而是尽早谋划，积极落实。

再如，小组成员还会在一起研究总结优秀的学习计划的标准是什么。优秀的学习计划标准如下：

（1）客观全面，正确认识自己。

准确找出自己的长处和短处，客观分析自身的学习偏好、兴趣、习惯和策略，找到符合自身学习节奏和学习风格的行动思路。

（2）结合实际，细化目标。

目标不能定得太高或过低，要依据：

① 学生"最近发展区"。

② 学生发展短板的把握。

③ 学生可供支配的时间。

④ 尽可能贴近学生的学习兴趣，调动学生的学习热情。

（3）长远规划，精准落地。

在时间上，确定学习的远期目标、中期目标和近期目标；在内容上，确定各门功课和各项学习活动的具体目标。学习目标可分为：

① 知识掌握层面的目标。

② 能力养成层面的目标。

③ 方法运用层面的目标。

④ 自我成就层面的目标。

2. 师生协同

以本次活动的第三阶段内容"提升弱势学科"为例，时间规划表中便设有"学科老师指导建议"一栏，鼓励学生每周计划开始实施前寻求学科教师的指导帮扶，强化师生间知识、情感和道德的交互性，增进师生交往温度，促成"亲师信道"的实现。以下为科任教师的指导建议节选。

你的计划有详有略，且具有一定的可行性，但希望每天的学习内容为基础知识，而不是较难的知识，否则你会没有时间完成。只有把基础知识打牢了，才可能去解决更难的问题，本阶段你应该更加专注基础知识点的积累。

——物理洪老师

你能意识到自己的问题并针对薄弱环节进行有计划的补弱，很惊喜，希望你能将具体的时间表列出来，虽然计划不如变化，但也应安排完成计划的时间，没有极特殊的情况请一定按时、保质完成，遇到极特殊的情况也必须两天内完成，加油！

——化学陈老师

这种沉浸式、体验式和交互式的实践活动，提供了包括班主任在内的诸多教师参与学生自我规划能力培养过程的机会，使教师可以随时观察学生拟定计划、制订计划、实施计划和完成计划的整个过程，并及时对学生的计划进行指导、督促与评价。学生也在教师的指导帮扶下，及时找出计划短板和潜在漏洞，并结合自身实际进行优化调整。

（二）建立"监控—评价—反思"机制

学生反思能力的培养绝不仅仅是几次活动或者某几个任务所能实现的，它需要在日常计划的制订、执行、监督、反馈、完善和再执行的闭合循环机制中实现。

第一，自我监控是指学习者在没有教师及其他监护人的指导或帮助下进行的自我学习的监督与调控。自我监控的"具身性"体现在：对自我计划执行时间进度的监督，对目标任务达成度的监督。为了使学生形成自我监督意识，我们在每阶段的计划任务中，均要求学生写下"预计所用时间及时段"与"实际所用时间及时段"，对自己的计划进行亲身感知与分析。如高一（3）班张××同学在计划表中，将每项任务的预计时间和实际时间均记录下来。

第二，自我评价贯穿本次培养活动的全过程，计划表中各阶段均设置了自我评价分数指标体系，方便学生对自身计划执行情况进行动态研判、赋分。

从打分过程看，大多数同学是较为客观公正的，完成较好时会打8分及以上，完成不好时也会打2~3分。学生能意识到，打高分意味着预期计划执行情况较好，学习效果较好，学生的自我效能感较高，容易培养学习内驱力；打低分意味着预期计划执行情况较差，学习效果不佳，学生的自我效能感较低，容易滋生学习倦怠和学习焦虑。这些打分过程中出现的心理变化是平时无法预见的，也间接促使学生意识到提前制订学习计划的重要性和紧迫性。

除此之外，我们还设立了监督人评价，如家长评价和同伴评价。在每个阶段的计划表中均有"家长反馈"这一栏，如高一（8）班的杨××家长在反馈栏中写道：

孩子的学习效率比以前更高了，时间安排也更合理，不再像以前先疯狂玩，然后疯狂赶作业，而是安排好时间做作业，做完作业才去打球与玩耍，感觉也比从前更充实、更开心，不再出现疯狂玩之后心情低落的状态。只是制订计划后对计划的贯彻执行和动态调整还不够，有时候做不到按照计划约定的时间完成学习任务，希望她再接再厉，持续改进。

又如，高一（3）班的第五组同伴评价中写道：

张××的计划多了一些娱乐的安排，在学习的安排上层次很清楚但具体执行的细节略显笼统。

杨××同学的计划给人的印象就是十分精细，每一科要干什么都写得清清楚楚，而且就算是他回了老家，学习也安排得很满当。但他并没有写清楚哪个时间段干什么，只是大概写出自己渴望完成的目标。

通过他评与自评，学生自我规划的制订力、执行力、反思力和调整力均得到不同程度的发展，为培养独立自主的时代新人奠定了坚实基础。

第三，自我反思应在监督评价基础上，着力培养学生自主学习、主动反思和及时改进的习惯。如，在每个阶段的计划表中都设有"每日反思与调整"一栏，同时在一周结束后，要求学生进行周反思，如"一周结束后，你觉得哪些方面做得好，还有哪些地方可以完善""本期计划制订与执行中遭遇的困难有哪些，你采取的措施是否有效""出现无法解决的问题或困惑时会采取何种方式寻求帮助"。此外，在每阶段的小组交流与汇报中，我们也要求小组进行反思报告，如高一（3）班的张一可在反思中写道：

自从开始进行计划性学习，我每天晚上都会思考：今天的任务完成了吗？今天的目标达到了吗？今天的知识都巩固了吗？若还有什么目标没有完成，就会感到很不安，但又不知道究竟哪里出了问题。第二天也如此，循环往复，到最后完成的任务越来越少。

基于此，学校应该将监控—评价—反思机制贯穿到整个时间规划师培养活动中，动态、全面、客观地诊断学生自我规划能力提升中面临的问题，帮助他们养成善于反思、勤于反思和乐于反思的学习习惯，多渠道提升自我反思能力。

四、总结活动经验，收获具身之效

（一）剖析自我规划能力的制约因素

通过前期调查分析和计划能力培养中暴露出的问题，根据计划能力理论模型，总结归纳出自我认识偏差、计划习惯缺失、计划方法僵化、自我反思不到位等制约学生自我规划能力提升的因素。

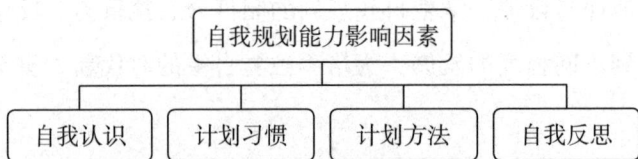

图3-1 计划能力影响因素

（二）提升学生自主规划时间的意识和能力

通过"时间规划师"活动的综合实践，让学生对自我的个性特点、心理倾向、能力素养、学习动机、优缺点等有较为全面、客观的认识。同时，学生对自身职业生涯发展方向和学业目标有更清晰的认识，侧面提升学生谋求学业进步和职业发展的内驱力。

例如，有学生写道：

人生规划是一个人根据社会发展的需要和个人发展的志向，对自己的未来发展道路作出一种预先的策划与设计。如果我们对人生没有一个规划，那就等于在路上失去了前进的方向。

那么我们又该怎样规划人生呢？我觉得应该先规划现阶段的学习，一步一步来，循序渐进地深入下去。就好像人要经历小学、初中、高中、大学、工作……想要一步登天是不可能的，规划也是如此，不能想得太远，应先从眼前抓起。我们现阶段的目标应该制定得条理分明、清楚可行，应按现阶段自己的情况制订，不能太高，以至于无法实现，也不能太低，以致到轻而易举便完成。近期目标为我们指明努力的方向，所以它必须现实可行。

再如，还有同学指出：

如果没有计划，一旦情况发生变化，便会措手不及，必败无疑。

当你制订的计划越来越周密，考虑的情况越来越多，实际上不确定性也越来越小，你掌控整个计划的能力就越强，就越不会心慌。

计划的制订过程中必须对将来做一些初步的预测，分析哪些事情可能会发生，哪些事情可能会变化。在做出准确的预测后，制订出行动方案。当你对潜在的突发因素考虑得越周全，整个计划的合理性和可执行性就越高。

然而在现实语境中，自我规划会触碰某些同学的"痛点"——"懒癌症""随心所欲症""不想行动，甘于躺平"等。借助自我规划能力培养计划，能唤醒学生作为发展主体的能动性和自主性，正视并尝试改正学习懒散、意志薄弱、心理脆弱等"痛点"，提高学习成就感。

通过教师指导、小组协作、班科协同、优秀规划师评选等方式，使学生积极参与其中，在行动中不断提升自己的计划能力，摆脱拖延等问题。

访谈结果和观察结果也表明：参与自我规划能力提升计划确实增强了学生的自我规划能力。当然这种显著性因学生个体禀赋、努力程度、参与积极性和实践智慧的差异度而有所区别。

在高中阶段对学生进行具身化的自我规划能力培养的综合实践活动，有助于引导学生形成自主管理意识，有助于学生深入思考和规划当下和未来，从而激发学生学习生活的内驱力，引导学生进行自主学习、自主管理，发展学生的多元思维，培养学生的社会责任感，提高学生的核心素养。不过，该活动中对每位学生具身参与的观察和评价还不足，家校合力的形成还不尽如人意，这些问题都需要后续研究实践的进一步推进。

案例2　选择"C位"学科，点亮"C位"人生

——新高考学业规划具身活动实践初探

2022年，四川省正式实施高考综合改革，《四川省深化普通高等学校考试招生综合改革实施方案》明确提出："增加学生选择权，充分体现以人为本、学其所好、考其所长的原则，更加符合教育发展规律和人才成长规律，为学生成长成才提供更多机会"。众多学校在教育部及地区相关政策的号召下，探索并试行针对四川省新高考"3+1+2"选科模式的"选课走班制"以符合高中生的学业需求。在此背景下，如何提供优质化的学生学业规划教育服务，成为众多学校迫切需要解决的问题。

学业规划教育是帮助学生基于学业现状，形成对自己学业目标、行动方案的清楚认知和合理安排的特殊实践活动。自我规划既要放眼长远，也要立足当下，把学业规划和生涯规划巧妙融合起来。既要发挥职业规划的引领性和方向性作用，指引学生学业规划的目标、内容和方向，也要发挥学业规划的操作性和执行性作用，促成学生职业规划的达成与实现。

总的来说，新高考中选科不仅落脚于选，还需要对科有清晰的了

解；管理学业不仅落脚于管理，还需要对自己的学业有清晰的规划；填报高考志愿不仅落脚于填报，还需要对自己的未来学习方向有个清晰的规划。在进入高中学习后，选科分班走班之前，学生深入了解每门学科的价值、定位、特点和规律，量身定制符合自身个性的学业发展规划。

川师附中的老师和同学们应对教育大变革，进行了一系列与学业规划相关的具身综合实践活动，按时间（高一"选科走班"、高二"管理学业"、高三"填报志愿"）线索进行层级螺旋式推进。引导学生去发现选科走班之要领、规划学业之趣味、志愿填报之奥妙，用探索与开放的心态去发现高中学业规划与自己未来发展之间的奇妙联系！

具身活动一：我为学科代言——快来选择你的"C位"学科

选科前，学生有必要对新高考涉及的各个学科及学科组合进行充分的了解，并对12种组合适配的学科专业及就业方向进行清晰的认识。为了让学生有能力对学业进行科学有序的规划，并结合自身水平、家庭状况、学校办学和社会需求等因素，制定契合自身兴趣爱好、性格特点、能力素养和职业倾向的学业发展规划，学校高度重视具身性学业规划指导帮扶。川师附中的心理田静老师为同学们提供了如下精彩纷呈的具身学业规划活动。

Part1：学科信息大搜集

每个学习小组选择一门学科进行探索，通过生涯人物访谈、咨询相关教师或学长学姐、网络信息查阅、合作探讨等方式搜集学科信息。

前置方向大探索：引导学生思考和分析这门学科的起源；这门学科可以培养人的哪些能力；学习这门学科可以让你收获哪些乐趣；这门学科的意义与应用价值是什么……

通过学科信息大搜集，使学生从多个维度、多个立场和多个视角获得认识和理解该学科及其社会价值的基础，加深学生对自身兴趣学习的认知深度和广度。许多同学表示自己对该学科更加喜欢了，原来可能仅仅是因为这门学科的知识有趣，现在还发现学习这门学科对民族复兴、国家强盛和社会稳定有重要意义。通过搜集活动，间接内生了学生学习这门学科并造福人类社会的价值观和学习信念。

Part2：学科吸引力海报

每个小组就自己选择的那门学科进行资料汇总，并将大家认为该学科最有吸引力的地方绘制成海报，展示在教室外墙上。

活动前，教师指导学生从"学科知识""专业大学""学科意义""相关职业"等维度对该学科的魅力进行全方位展示，鼓励学生以数据、图表、视频等方式佐证该学科的吸引力，通过逻辑分析、语言表述和小组合作等方式调动学生亲身参与、亲身设计、亲身感知的积极性，实质性地发挥具身德育的效果。

活动结束后，参与展示的同学纷纷表示，绘制海报的过程，是小组同学进行亲身参与、分工合作、思维碰撞、发挥创意的绝佳平台。通过各小组各具特色的海报设计，我们可以看到同学们对该学科的认识更加全面、深入，也能感受到他们对该学科的深厚感情。

Part3：争当学科代言人

在对学科有了较深入的了解后，各小组选派一名代表对前期小组收集的数据、资料和素材等进行梳理归纳，并从学科属性、学科价值、学科前景和学科伦理等多个角度进行展示，并辅助以PPT或其他工具，为学科代言。

各小组代表的精彩讲解，表明每个小组在实践活动中的每个环节、每个任务和每个节点都做足了功课，表明成员间有相互讨论的思维交锋、有共同构思的协同互助、有学科价值的共识认知。通过为学科代言，学生切身理解了学科及其价值，增强了知行合一和学用一体的价值观。

实践发现，在进行学业规划的过程中，学生只有经过充分的探索，才能形成清晰的学科认识，才更有动力和信心面对选科抉择以及未来学科学习中遇到的困难和挑战。具身活动中学生的自主选择、自主探究、协同研讨和亲身体验，有效强化了学生作为学习主体的责任感和作为发展主体的能动性，帮助学生建构了理论与实践相结合、传统与现代相结合和本土与域外相结合的价值观。在某种程度上，为学科代言还提供了理解和认同学科在实现中华民族伟大复兴中所肩负责任的可能，使学科发展扎根中国大地，学科进步反哺社会发展。

具身活动二：如何规划学业——打好新高考学科"组合牌"

鲸饮未吞海，剑气已横秋。川师附中高一（2）班的同学们在班主任岳老师的引导下，以"牌局人生——如何打好学业牌"为主题开展此次具身实践活动。

Part1：牌局人生，精彩学业

在班会热身活动时，学生以抽牌、玩牌的方式做游戏，并通过抽牌玩牌游戏提醒学生：开局好牌未必赢，开局烂牌也能逆风翻盘。进而让同学们明白，打好"人生牌"的关键在于自己如何掌控人生。我们要让"好牌"打出精彩，我们也要努力让"烂牌"扭转乾坤。

Part2：学科组合，科学出牌

接着，同学们选择课前准备的写好各学科的纸牌，形成符合新高考"3+1+2"的组合，并分小组讨论该组合的难点、突破点、未来专业选择、就业形势等，最后选派小组代表公开分享相关资讯。

Part3：前辈故事，启迪人生

请学生观看一段视频，该视频依据两位学姐的亲身经历制作而成。这个环节以真实故事为情境载体，引导学生深入思考和表达，引领学生更好地规划自己的学业生涯，打好学业牌，大展宏图志。

选课走班制在满足学生个性化、兴趣化、多样化发展需要的同时，也赋予了学生更多的学科课程自主选择权，是一种调和群体诉求和个体诉求的有效形式。面对新制度带来的新挑战和新要求，学校应进行科学有序的学业规划活动，指导学生理性分析自身、学校、社会等各方因素，从学生的兴趣、爱好、性格、能力、职业价值观等几个方面加以考虑，思考其未来职业生涯规划与当前学业规划间的契合度，制订最符合自身发展诉求的最优选科方案。

由于各校校情学情不同，师资力量和硬件资源也存在差异，导致不少高中难以开足开好12种组合学科课程体系，也较难实行全员全科走班制度，只能采取绑定组合方式，减少组合、固定班型、减少走班，以保障大多数学生的选科需求和管理要求。如目前成都市部分高中就选择固定"物理+化学""历史+政治"等方式，开设"物化生""物化政""物化地""史政地""史政生""史政化"等学科组合，尽量减少走班学习对学生及班级管理的影响。对学生来说，可以结合学校学科优势或自身学习兴趣，灵活选择符合自身发展需求的科目组合，充分利用校本师资和课程优势。

具身活动三："让人生可以重来"——模拟高考志愿填报

学生了解了学科及专业的相关性后，可以进一步了解专业与职业的关联性。当学生明确了未来学习某专业，就有可能进入相关部门工作，就可以有效指导学生填报高考志愿。川师附中的陈露老师通过"让人生可以重来——模拟高考志愿"这一具身实践活动，让学生来了一次激动人心的模拟未来之旅。

Part1：查看政策，搜集信息

学生活动：学生分小组查看《招生考试报》《高考指南》等专业报刊中最新高考招生录取政策，并搜集本小组同学最感兴趣的学校及专业近几年的招生分数、录取人数，并形成小组资料库，制作电子小报进行班级展示。（小组资料库优秀示例）

根据教育部印发的《普通高校本科招生专业选考科目要求指引（通用版）》，以本科专业类为单位设定科目范围。有些专业提出必须学习某科目的要求，有些专业也可以提出但也可以不提出学习某科目的要求。以"交通运输类"相关专业及科目要求为例，列表说明。

表3-1 "交通运输类"相关专业及科目要求

门类	专业类	专业名称	必选科目	要求科目
工学	交通运输类	交通运输、交通工程、航海技术、交通设备与控制工程等	物理均必选	化学必选地理可选
	海洋工程类	船舶与海洋工程、海洋工程与技术、海洋资源开发技术、海洋机器人		化学必选生物可选地理可选
工学	航空航天类	航空航天工程、飞行器制造工程、飞行器动力工程、飞行器适航技术等	物理均必选	化学必选生物可选
	自动化类	自动化、轨道交通信号与控制、机器人工程、邮政工程等		
	机械类	机械工程、机械设计制造及其自动化、材料成型及控制工程、机械电子工程、工业设计等		

这就意味着，如果一名高中生在选课前做好了职业规划，未来想从事"交通运输类"的相关行业，那么在选课时就会明确地选择物理方向，并且在4选2时，再选择一门化学，一门生物或地理。

如下为重庆市2024年各选科组合可报考专业占比。

表3-2　重庆市2024年各选科组合可报考专业占比

选科组合	总专业占比	限定选科专业占比
物理+化学+生物	96.49%	93.78%
物理+化学+政治	96.07%	93.03%
物理+化学+地理	95.60%	92.19%
物理+生物+政治	51.01%	13.13%
物理+生物+地理	50.53%	12.28%
物理+政治+地理	51.06%	13.23%
化学+生物+历史	45.81%	3.91%
化学+政治+历史	46.68%	5.45%
历史+化学+地理	45.94%	4.15%
历史+政治+生物	46.68%	5.46%
历史+生物+地理	45.94%	4.14%
历史+政治+地理	46.94%	5.92%

（数据来源：重庆市教育考试院）

数据显示：限定选科专业中约92.4%的学生必选物理，而选考物理和化学可报考超过90%的限选科目，2022年招考较为热门的农学也有近86%的专业要求必选物化。通过数据分析还可以发现：哲学、经济学、语言学等专业对考生的选科要求相对宽松，工学、医药学鲜有专业面向大文考生；法学倾向选考政治的考生，历史学倾向选考历史的考生。如下为2024年重庆市部分本科专业选课的要求占比。

表3-3　2024年重庆市部分本科专业选课的要求占比

选课要求 ＼ 学科门类	法学	历史学	理学	工学	农学	医学
物理+化学+生物	59.98%	57.01%	91.55%	99.81%	99.69%	99.95%
物理+化学+政治	91.19%	57.01%	89.67%	99.21%	86.03%	82.89%

学科门类 选课要求	法学	历史学	理学	工学	农学	医学
物理+化学+地理	59.96%	57.01%	97.97%	99.35%	86.03%	82.89%
物理+生物+政治	91.19%	53.39%	7.26%	4.12%	10.52%	6.88%
物理+生物+地理	59.98%	53.39%	15.59%	4.24%	10.52%	6.88%
物理+政治+地理	91.19%	53.39%	15.43%	4.13%	0.16%	0.16%
化学+生物+历史	63.40%	95.48%	7.22%	3.23%	9.26%	11.89%

数据表明：即便学生已经能够非常明确所选大学和专业方向，仍需考虑选科组合的专业覆盖率问题，在保障目标大学专业与选科组合匹配的同时，应该尽可能选择覆盖率更大、可选性更高的组合，以便应对专业招生要求的变化形势。

Part2：多方参考，综合评价

学生活动：利用周末时间进行人物访谈，可以是自己目标专业或目标大学的在读大学生，可以是网络知识共享平台上的陌生读者，也可以是读过目标大学专业或从事自己感兴趣的职业的亲朋好友，还可以是最关注自身发展的父母。收集多方信息，汇集多种认识，整合多种观点，才能获得关于该学科发展价值、未来前景、职业选择的完整认识，才能做出合乎现实要求和个性需求的理性判断。

活动片段展示

视频播放：《我的访谈实录》

片段重现

崔崔：妈妈，你参加过高考吗？

妈妈：参加了啊！

崔崔：你当时报考的什么专业啊？

妈妈：会计。

崔崔：你喜欢当会计吗？

妈妈：刚开始挺喜欢的，做久了也就没什么感觉了，总之就是为了挣钱给你花啊！

崔崔：你对自己的工作现状满意吗？

妈妈：很满意。因为这份工作收入不错，也可以照顾陪伴你。对妈妈来说，在不影响工作的情况下还能照顾陪伴好自己的孩子就是我选择职业时最看重的点！

教师点拨：崔崔妈妈真是个能工作、会生活、爱孩子的多面手好妈妈！妈妈在选择专业时兼顾了薪水和家庭，你在选择未来专业的时候会从哪些角度考虑呢，究竟哪些因素会成为决定你选择的关键因素？

Part3：合理规划，志愿填报

确定了职业发展方向以及相关专业、学科招生要求后，学生就可以建立起填报符合个人意愿的高考志愿、了解和掌握某学科专业的知识、获准从事某种职业资格间的关联性。以"交通运输类"专业为例，本专业的毕业生可以进入铁路局、港务局、地铁、物流等行业，从事线路规划、交通调度、设计、建设、运营管理等工作。学生通过网上平台查询，可以发现开设该专业的国家特色专业建设点有北京交通大学、东南大学、大连海事大学、西南交通大学、北京航空航天大学等10所高校。同时也可查阅到各高校该学科评估结果，如"交通运输工程"专业A+的学校有北京交通大学、西南交通大学。再查阅近几年目标大学及目标专业的高考录取分数线，预估自己的高考分数范围，填报高考志愿。当然，还可以结合就读区域经济社会发展水平、人文与自然环境、消费水平与生活节奏等因素，综合权衡高考志愿填报。

学生活动：每位学生综合前几个活动的结果并思考清楚后，在纸质表格上模拟高考志愿填报。

【写在后面的话】

以上是我校在学业规划方面的具身活动实践的几段缩影，具身活动的核心特质就是引导学生参与、体验、反思和重构自我发展图景，合理想象和理性规划自我发展的方向和策略。具身活动能够帮助青少年在或真实或虚拟的情境之中，通过身体、头脑与环境的互动，产生强烈的体验，获得能力的生发。具身活动中，学生不是被动地、枯燥地完成学习任务，而是对活动任务有积极的兴趣、强烈的动机和正向的自我效能感。

具身活动的个体化、沉浸性和反身性，增强了学生对学什么、学到何种程度、怎么学以及如何调整学习策略的感知与践行能力，搭建了学生从学科组合选择到大学专业选择再到未来就业选择的完整链条。从学生反馈来看，大部分学生很好地完成了对新高考选科、大学与专业的选择以及填报志愿的信息搜集，并能灵活运用职业人物访谈法、观察法、实践法、信息辨别等方法继续加强对相关知识内容的了解，初步形成了自己的学业规划。活动结束后的调查显示，学生对高中选科、专业、志愿等知识的了解程度提升至90%，这使得学生更有信心做出正确的学业规划决策。这种具身导向的实践活动，在一定程度缓解了学生及家长在选科、专业选择、志愿填报等方面的焦虑，消解了学生在做出选择时的困惑感。

同时，此类活动的有序化、常态化和系统化开展，有助于学生进一步了解行业、职业、大学、专业与学业的相关知识以及相互关系，以及社会发展对行业的影响，行业与职业发展的关系；有助于学生了解社会需要，发展自己的职业兴趣，有意识地将个人发展与社会需要相结合，明确自我的学习意义，最终培养学生终身学习的态度。同时，在探究与体验的过程中，学生的自我规划力和个人价值感得到有效激发，读书报国与个性发展的辩证思维得以确立，这也是具身化德育实践探索的价值所在。

案例3 具身视域下的生涯规划创新实践

——以生涯探索长作业为例

生涯规划是自我规划的重要组成部分，生涯规划教育不仅是应对改革的必然回应，更是为了唤起学生的内在生命活力，培养自主发展的人。高中阶段生涯规划的核心是通过对自我和社会的了解，帮助学生发展以选择能力和广泛适应力为核心的规划能力，促进学生全面而有个性的发展，为适应社会生活、高等教育和职业发展做准备，为学生终身发展夯实基础。

然而，目前的生涯规划教育仍面临着许多亟待破解的困境。一是价值定位偏离化。现有的生涯规划教育往往窄化为选科指导、志愿填报或学业指导等"如何读好大学"的层面，较少关注为人处世、人际关系、社会适应等"如何适应社会"和未来职业选择、未来职业发展轨迹、未来职业认同等"如何选好职业"等层面，结果导致生涯规划教育走向偏狭化。二是实施方式脱域化。生涯规划课程的实施路径单一，多为课堂讲授，忽视学生亲身参与实践，缺乏真实场景体验，学生只是在头脑中进行生涯规划，无法真正地将自身特质与现实世界结合，做出基于真情实景的选择与规划。三是规划周期散乱化。囿于时间和场域的限制，无论是课程整体架构，还是实施周期都表现出短时无序、缺乏系统连续性的问题。甚至在某种程度上，相关活动是形式化、应景性的短时表演，而不是常态化、实质性的实践推进，最终的结果就是口号轰轰烈烈，效果乏善可陈。

因此，立足校情学情，创新职业生涯规划形式，探索具身视域下生涯发展阶段特征与行动方向，设计出基于学生真正生涯发展需求、以真实任务为驱动、学生身体参与、长周期分阶段的生涯探索方案，是破解学生生涯规划的现实困境、增强学生具身参与性、强化学生生涯规划意识与能力的重要抓手。

一、规范作业设计，形成实践模型

作业作为课程的必要环节，高中生涯探索作业绝不是单一的对课堂生涯规划知识的积累与运用，也不是对此类知识的考查与检验，而是帮助学生建立起知识与情境、理论与实践、问题与根源间的因果联系，搭建起直接经验与间接经验的桥梁，畅通理论知识与实践知识的渠道。通过精心设计与组织实施的生涯探索作业唤醒学生生涯规划意识与情感，激发生涯探索行为，提升学生生涯探索与规划能力，有效规避职业生涯规划"离身化"和"抽象化"困境。高质量作业设计背后凝练着教师对课标的深度理解、对学情的精准分析、对目标的准确定位、对内容的科学遴选、对评价的能动创新等关键要素。根据作业设计的基本特点，我校构建了"环形递进"的生涯探索长作业设计实践模型。

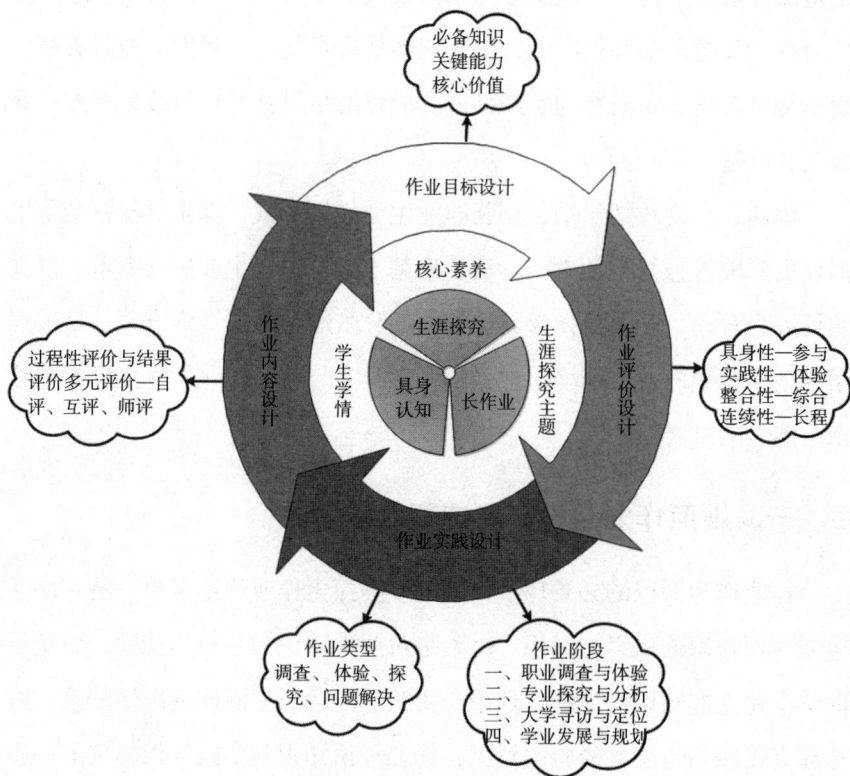

图3-2 生涯探索长作业设计的实践模型图

该模型以环形递进的方式从中心向外延层层展开，以"生涯探索""具身认知""长作业"为核心要素，以作业目标设计、内容设计、实践设计和评价设计为关键抓手，探索具身德性养成的思路与方向。

二、把握育人方向，锚定作业目标

我校将生涯教育纳入综合实践活动课程中，提炼了核心素养视域下的生涯教育目标，根据学生的实际学情，将作业目标整理成了必备知识、关键能力、核心价值三个维度。其中必备知识涉及职业生涯规划所涉及的诸多知识、观点、方法和价值观，指向认知层；关键能力涉及职业生涯规划所需要的实践探究能力、方法运用能力、问题分析能力和策略优化能力等，指向方法层；核心价值涉及职业生涯规划对自我、社会和人类社会发展的重要性和紧迫性的认识，以及建构其职业生涯规划与自我价值实现和社会价值彰显的辩证思维等，指向情感层。

表3-4　生涯探索作业目标设计

核心素养导向下的生涯教育目标	增强学生生涯规划意识，提高生涯规划能力和自主发展能力，激发学生潜能，做好当前学业规划，为未来的职业和人生发展做好准备，促进学生全面而有个性的发展，为学生终身幸福奠定基础。		
生涯探索主题目标	通过探究性课程与活动帮助学生初步了解大学、专业、职业及未来社会发展趋势，深化社会规则体验、国家认同、文化自信，初步认识到学业、专业、职业之间的内在联系，体悟个人成长与职业世界、社会进步、国家发展和人类命运共同体的关系，增强根据自身兴趣专长进行生涯规划和职业选择的能力，指导学生在有充分的自我认识和社会理解的基础上进行学业规划、职业规划、人生规划，制定适合自己的学业发展目标和计划，初步设计合理的职业和人生发展路径。		
生涯探索作业目标	目标维度	具体目标	素养导向
	必备知识	了解行业、职业、大学、专业与学业的相关知识以及相互关系，社会发展对行业的影响，行业与职业发展的关系，职业与专业的内涵与外延。理解学业到行业再到人生事业发展的轨迹等逻辑知识和关联思想。	培养学生生涯规划意识、社会理解、科学精神相关素养。
	关键能力	掌握社会调查的基本方法。有效运用身体参与、分工协作、人际沟通等方式进行社会调查与探究，并在短期内能用智慧工具来回顾过去与展望未来，不仅能了解职业的由来，而且能对自己未来选择的专业和职业有初步的规划。	培养生涯规划和自主发展素养，其中自主发展包括学会学习和自我管理素养。
	核心价值	了解社会需要，发展自己的职业兴趣，有意识地将个人发展与社会需要相结合，培养正确的价值观，形成良好的人格特质，建构自我统一性，并明确自我学习的意义，培养终身学习的态度。	培养学生的社会参与素养，包括责任担当、实践创新素养。

三、聚焦关键表征，丰富内容选择

一份高质量的作业，其内容的遴选与组织是关键，直接决定了学生参与度和思维活跃度。根据具身认知理念和综合实践活动课程方案，我们提炼出了生涯探索作业内容设计的关键表征。

（一）具身性

具身性强调学生的学习过程具身化，认知活动具象化。学生是鲜活的生命，是表情达意、参与知识获取的具体存在，不是工具或者接受刺激的中介，更不是大脑神经刺激下的反应体。理想的作业应该调动学生的身心参与度，促成学生身体感知系统与外部社会环境的深度融合，帮助学生在知识与情境的互嵌中重新建构自我存在和自主发展的意义。因此作业内容的选择与设计应充分调动学生的具身参与。

表3-5　作业案例1

作业主题	长大后我会成为"谁"？
作业内容	阅读老师推荐的职业规划相关文章《青年在选择职业时的考虑》（作者：卡尔·马克思），认真思考文章中马克思的观点，并思考自己的职业理想。 选择一种自己理想的职业，比如医生、警察、教师等，扮演职业角色一天。 将自己的职业体验写下来形成一篇200字以上的小短文。

评析：该项作业内容的设计，旨在让学生思考自己未来的职业。这是一个大而空的话题。对于学生而言，没有价值理论支撑，没有角色体验，职业方向很迷茫。通过提供马克思《青年在选择职业时的考虑》这篇文章，为学生职业规划提供有益的行动思路。依据这种思路，创设作业情境，将作业内容设计转化为"想象自己完整地体验一天理想职业的工作状态"，赋予学生亲身参与、合理想象和理性思考的空间和较为明晰的角色意识和职业认同，从而将职业角色生动化、职业认同具象化，

切实增强职业生涯规划实效。

（二）实践性

生涯探索长作业强调学生亲身经历各项活动，在"动手做""实验""探究""设计""创作""反思"的过程中进行"体验""体悟""体认"，在全身心参与的作业活动中，发现、分析和解决问题，体验和感受生活，发展实践创新能力。只有在实践中才能切实体会到问题的复杂性、成因的多元性和策略的嵌套性，生成在实践中发现问题、在实践中分析问题和在实践中解决问题的价值认知和价值倾向。

表3-6　作业案例2

作业主题	"我是小小科学家"学科生涯探究作业
作业内容	1. 在班级设置数学、物理、化学、生物等学科探究小组。 2. 学生自行选择某一组，并且扮演该学科的科学家，结合自己所学学科知识，观察该学科在日常生活中出现的问题，依据设计方案进行研究。

评析：这是一份典型的学科+职业生涯探究相结合的混合式作业。该作业跳出传统作业的思维模式，鼓励学生走出题海，走进不同学科实践活动，从科学家的视角，发现、分析和解决问题，体验和感受生活，发展实践创新能力。从选择化学学科的学生的作业可以看出，学生大胆创新地应用了先进的3D打印技术来制造火箭，在"动手做""实验""探究""设计""创作""反思"的过程中进行"体验""体悟""体认"，虽然暂时没能成功，但全身心参与活动，相信学生对化学知识的掌握和对火箭原理的理解都提升到了新的高度。更重要的是，在掌握和理解火箭制造和火箭应用的相关知识后，能间接帮助学生构建起老一辈科学家立志报国和科教兴国的价值认知，内生为中华民族伟大复兴贡献教育力量的使命感和责任感。

（三）整合性

生涯探索作业的内容组织，要结合学生发展的年龄特点和个性特征，以促进学生的综合素质发展为核心，均衡考虑学生与自然的关系、学生与他人和社会的关系、学生与自我的关系这三个方面的内容。对活动主题的探究和体验，要体现个人、社会、自然的内在联系，强化跨学科的整合。只有立足整合的视角，采取整合的方法，才能滋养整合的人，培养德智体美劳全面发展的时代新人。

表3–7　作业案例3

作业主题	"我的未来求学生活"学生生涯探究作业
作业内容	1. 未来，你可能会对什么职业比较感兴趣？ 2. 你会怎样评估感兴趣的职业是否适合自己？ 3. 你的目标职业的发展要求和社会价值是什么？ 4. 查阅相关资料后，你会选择哪些目标大学和专业，它们之间有什么关联？请写一篇"我的未来求学生涯"的思考短文。

评析：该作业内容在设计时充分考虑了生涯探索长作业的整合性。选择怎样的学业生涯，需要整合职业兴趣、职业价值、社会价值、目标大学和专业等多方面因素。学生在完成作业过程中需要通过文献研究、调查研究、体验实践等多种学习活动，综合利用各种资源收集数据、获取信息、解决问题，有助于培养学生的跨学科思维，提高其问题解决能力，促进其全面发展，也引导学生思考职业与个人、社会、自然的内在联系，与科技、艺术、道德等方面的价值整合。

（四）连续性

生涯探索长作业的内容设计应基于学生可持续发展的诉求，设计长短衔接、难易并存和分层分类的主题活动，使活动内容具有递进性。要促使活动内容由简单走向复杂，使活动主题向纵深发展，不断丰富活动内容、拓展活动范围，促进学生综合素质的持续发展。

表3-8 作业案例4

作业主题	"创办学生公司"企业生涯探究作业
作业内容	1. 收集信息,学习了解商业运行的基本模式。 2. 自愿结成小组,使用自己的零花钱作为启动资金,共同创办一个学生公司,召开股东会,竞选管理人。 3. 选定公司营销的产品,确定消费人群,开展生产和销售,产品财物登记。 4. 实际运营一段时间后进行评估和清算,总结反思公司运营的经验和教训。 5. 对本市的大型公司进行企业访问,学习公司运营的模式和经验。

评析:这是一个模拟企业创办的生涯探索作业,通过创设基于真实职业情境的任务,让学生以项目式的学习方式完成探究作业,加深学生对该职业特点、属性和胜任力的理解和感悟。虽然很多学生都喜欢扮演企业经营者,但学生对经营好企业的认知多停留在签字谈判、商业洽谈等层面,对市场调研、产品研发、服务升级、合同拟定、风险规避、专利申请和交税纳税等一系列环节缺乏理性认识。实际上,经营企业是一个递进式、持续化和长周期的复杂实践,是一个从简单走向复杂、由表层走向深层、由初级走向高阶的复杂活动。通过实际经营一个企业,体验创业过程,能够初步培养学生的创业精神、沟通能力和营商能力。

四、融合实施路径,创新作业方式

生涯探索是一种综合实践活动,生涯探索的作业按组织形式可以分成个人活动和群体活动,即个人独立完成和小组合作完成。生涯探索既要考虑学生个体的兴趣、需要、个性和能力,也要考虑活动本身的属性和特点,还要考虑群体价值观、任务分工、协同能力和信息交流等因素。生涯探索作业的主体多元化和方式多样性决定了作业完成方式必然是多元化的。在创新或优化作业实施方式的过程中,需要考虑到实现路径的多元融合，彰显生涯探索作业本身的具身性、实践性、整合性、连续性等特质，促成学生价值认知、责任担当、问题解决和实践转化等素养的生发，进而增强学生发现、分析、解决和反思问题的意识与能力。结合实践经验，我们认为职业探究、研学考察、志愿服务等实操性较强、参与性较高的生涯探索作业方式更能培养学生的生涯规划能力。

（一）职业探究，长作业构建价值体系

生涯规划对学生未来的发展至关重要。未来由学生自己去创造，通过前瞻性的谋划和构思，实践性的训练和强化，学生才能具备未来社会胜任力。当学生逐渐了解自我、了解社会、了解时代，就可以从需求逆推当下学习的方向、策略和思路，走好综合素养提升的道路。

1. 多元途径，自我认知

借助兴趣社团和选修课制度，提供多元化的认知途径，帮助学生了解当前社会就业形势、掌握职业发展动向。每周一结合时政热点开展主题活动，定期开展体育节、艺术节、话剧节等主题活动，引导学生通过主动、积极参与各类活动的准备和自我展示，进行科学客观的自我认知，充分了解自己的兴趣爱好和能力特长，并结合社会发展需求和自身家庭状况，做出合乎情理的职业规划和学业规划。

2. 共享资讯，熟悉专业

借助互联网、同辈交往、学校资讯平台、教师等多种形式获取学科专业发展资讯，最大程度上熟悉自身感兴趣的学科专业。学生选定专业方向后，引导学生通过互联网等渠道收集相关信息资源了解该专业的高校开设情况、招生计划、课程设置和未来发展方向等，并鼓励学生将自身所搜集到的数据和资讯在班会上分享交流。构建川师附中一体化育人体系，引进高校生涯宣讲活动。通过各种渠道搭建平台，帮助学生进一步了解高校及专业，如邀请高校教授到校开设相关生涯规划讲座，利用暑期招生季开设高招咨询会，寒假举办往届学生回校宣讲会，带领学生到大学实地参观等方式，启迪学生职业梦想，助力学生逐梦启航。

3. 课程先行，保驾护航

完善生涯教育课程，让学校职业生涯教育常态化。形成满足学生实际需要的生涯校本课程，对学生生涯意识的形成、生涯规划能力的提升和生涯规划信念的熔铸保驾护航。依托学生发展中心，创设生涯教育环境，提供沉浸式真情实景的生涯课程。

4. 家校共育，协同赋能

家长生涯讲堂的开设，提供了学生理解和熟悉不同职业人群的生活状态、精神状态和实践样态的可能。透过家长的讲述，提供了更真实、不同于教材叙述和抽象化想象的职业认知渠道，为学生结合自身性格特征、学科优势、家庭环境等做出更符合自身发展诉求的决策奠定基础。

（二）研学考察，学科综合实现责任担当

研学考察，是学科综合能力提升的有效途径。组织学生参与到研学任务清单的制定过程，引导学生在研学过程中多思考、多分析、多参与、多互动，调动学生建立起知识与情境、问题与根源、策略与效果间的辩证关联性，才能彰显综合实践活动的育人效能。充分利用假期社会实践和社区服务等社会实践活动清单，广泛开展学生社会调查和自然考察等，如"云桥湿地的植被特征及作用""探寻东安湖之美"，学生在地理考察中深入了解湿地植被特征及涵养净化水源的功能，能够自主地通过网络、书籍等方式收集有关湿地资料并归纳总结，学会使用电子地图、温度计、湿度计和TDS测水工具，对湿地水质进行测量，观察湿地土壤剖面，与陆地土壤对比分析。对湿地特有植物标本进行拍照、观察和识别，并写出其名称和特点。系列研学活动的开展，为学生检验知识之真、自然之美和人性之善提供了可能，从而在体悟真理局限性、内生环境保护意识和彰显人文关怀的过程中明晰自身职业生涯发展的方向和路径。

（三）志愿服务，具身体验达成问题解决

开展志愿服务活动，让学生具身体验现实生活中的真实问题并积极参与解决问题。带领学生走进社区、走入生活，在培育学生奉献社会、丰富生活体验和具身学习意识的同时，倡导学生传递爱心、传播文明、弘扬社会主义核心价值观，为和谐社会建设贡献力量。组织学生协助整理街面上的共享单车，组织学生走进万科社区开展垃圾分类宣讲活动等，让学生在具身体验中学习，在体验中成长，在助人中体会奉献精神，内生向榜样学习，坚定服务群众的信念。让学生体会个人成长与职业生涯、社会进步、国家发展以及人类命运共同体的密切联系，同时根据实际情况，以自己的志趣作为生涯规划的要素，培养自己关心他人、服务社会的意识，提高自己今后服务社会的能力。

五、立足成长导向，创新作业评价

（一）展示设计

基于长作业学习阶段多、周期长、易迁移的特点，在制定作业时应该注重过程性材料的收集、整理、分析和评价，从而描绘出学生生涯规划能力增长的动态曲线和完整图景。生涯探索作业从了解感兴趣的职业、职业所对应的专业、专业所对应的大学三个阶段中进行过程作业收集，坚持学生成长导向，通过对学生成长过程的观察、记录、分析，力求客观公正地评价学生的表现。

作业成果采取多种方式收集和分析，要尽可能丰富作业展出形式，可以采取图文并茂、视频录制等多种形式展开。作业成果既可以通过学生个人的书面作业、所在小组的成果分享等实体化呈现，也可以通过数字技术进行虚拟化呈现。

1. 调查访谈

小组成员需注意在访谈之前要做好准备工作，明确访谈提纲内容、选择适切的访谈对象、约定访谈时间、记录访谈内容、感谢访谈对象、整理访谈素材、分析访谈结论等。提前准备好所要访谈的内容，所问的问题能有针对性地完成目标。访谈记录一般是以问答的形式进行书写，从而让访谈内容更加清晰明了，基本内容包括访谈的主题、时间、地点、对象、采访者以及访谈的过程。书写中要注意加工整合，根据采访的目的明确内容方向，重点部分详写、次要内容略写，最终形成总结形式的结果分析。同时，为确保访谈结论的可靠性，还可以借助三角互证方式验证素材的客观性。

2. 问卷统计

首先需要依据目标群体以及目标区域的实际情况确定调查基调，明确调查主题。要对核心概念进行操作性定义，确定问卷维度和题项，选择适当的抽样方式，确定问卷发放的数量。制作问卷时基本包含标题、调查说明、问卷问题及结束语等环节，问卷题目设置数量应适量，内容要从答题者角度出发，语言应简单明了，便于理解和作答。在正式发放问卷前要对问卷进行前测，删除或替换信效度较低的题项。问卷数据收集后要借助数据处理软件进行可视化分析，得出具有概括性的结论。

3. 实践体验

利用假期时间，真正走近所选择的职业群体，通过亲身体验与实际操作，达到实践目的。在提升自身能力的同时，深入了解目标群体，最终形成实践报告表。报告中包含实践人的基本信息、实践的时间、地点、过程、目的、体会及总结等。

表3-9　实践报告表

姓名＿＿＿＿　　班级＿＿＿＿			
实践地点		实践时间	
实践目的			
实践过程描述			
实践体会总结			

4. 图文报告

图文报告是一类图文并茂的数据可视化的分析报表。在长作业完成的过程中，学生进行拍照记录以及过程性文字记录，并收集大量的信息和数据，对数据进行分析与统计，由小组成员共同探讨统一结果，并形成由文字和图片共同组成的报告。图文报告不能停留在图片信息的简单描述上，而应该继续深挖图片背后的深层制约因素，增强报告的深度。

除了长作业中的阶段性成果，最终每个小组都将形成一个完整的作品，通过多样的形式展示，如征文、职业体验小报、海报宣传、视频或PPT班级展示等。

（1）美文创作

教师先以理想职业为主题进行美文征集比赛，鼓励学生积极参与，写下自己的理想职业以及将其定为理想职业的理由，阐述自己的职业观，与同学们交流分享。

（2）张贴小报

学生基于理想职业，对职业所对应的专业、专业所对应的大学等进行初步探索，建立起职业、专业、学科和当前学习任务间的朴素联系，并将自身的理解或感悟转化成手抄报，分享给其他同伴。

（3）海报宣传

小组成员合作设计海报，将所感兴趣的职业面向全体学生进行宣传。既能展现小组的成果和小组特色，也能帮助其他学生直接从中获取自己想要的信息，共享成果，提高学生的合作意识和学习效能感。

（4）班级展示

充分利用班会课，鼓励各小组面向全班讲解长作业的完成过程，以及在该过程中小组面临的问题和相应的解决策略，通过PPT、视频等方式汇报最终成果，展现小组风采。展示过程中既能增强小组合作意识和团队意识，又能提高学生的语言表达能力，将具身性、实践性、交互性和体验性巧妙地融合到风采展示中。

（5）媒体推广

借助微信公众号、视频号等多媒体平台，实现作业成果的跨媒介展示。学生可以通过撰写文案、制作视频、编辑H5页面等形式进行自我宣传，借由学校公众号、微信朋友圈等途径的号召力吸引更多人关注自己的实践成果，扩大作业影响力，提升学生参与度和成就感。

（二）评价设计

长作业周期长、反馈难等特点决定了对长作业完成效果的评价较为复杂，评价指标体系不好确定、评价实施方式需要互补、评价结果解读需要回归情境等，都是评价难的表现。因此，设计评价机制更加需要多元主体参与，综合形成性评价与结果性评价，从自评、互评、师评三个方面来力求建立科学与完善的评价机制。

1. 自评与互评

学生本人、学生所在小组成员针对长作业完成过程中的一系列主观性评价，主要分为知识认知、能力表现与情感态度三个方面，每个方面对应相应的分值，从而有效检验作业目标的完成情况。自评与互评最大的优势就是提供了同辈视野，所得结论更能引起同辈认同，评分表如下：

表3-10 长作业自评、互评评分表

评价内容	评价标准	应得分	实得分
知识认知	了解职业规划基本信息。能正确认识各类职业与其对应的专业与院校，对社会工作具有正确的认识。	15	
	掌握社会调查的基本方法。能从实践过程中总结获取信息的常见方法，学习调查研究的一般规律。	15	
能力表现	史料、信息的收集、分析和整合。能较为迅速地在繁杂的信息中提取到有用的信息并有条理地进行分析。	10	
	合作意识、团队贡献、协调沟通。小组成员友好配合，互相帮助，能积极地和小组成员进行交流，有较强的团队意识，付出时间和精力为团队贡献自己的力量。	15	
	语言表达能力。能用清晰简明的语言书写访谈记录、实践报告等；在班级展示的时候能迅速组织好语言，并能清晰的口头表达。	15	
情感态度	1. 形成对未来目标的认知。能对之后的更长时间的目标有新的认识和把握，产生积极的影响。	10	
	2. 具备积极的学习和生活态度。包括对目标职业的兴趣，对学习相关专业、进入相关大学的信心。	10	
	3. 明确高中学习的重要性和意义。能认识到高中的认真学习是在不断靠近自己的目标职业。	10	
总分		100	
综合评级 85以上为优秀，75以上为良好，60以上为合格，60以下为不合格			

2. 师评

教师针对长作业阶段可视化成果的一系列客观性评价，客观记录学生参与活动的具体情况，基于事实收集相关材料，对学生进行客观公正的评价。主要分为完整参与、效果呈现和活动秩序三个方面，每个方面对应相应的分值，评分表如下：

表3-11　长作业师评评分表

评价内容	评价标准	应得分	实得分
知识认知	1. 作业及各环节的完成。积极主动地参与了小组长作业的所有环节。	10	
	2. 每一个作业环节的成果。完整参与了长作业中每一个阶段性成果。	10	
能力表现	1. 成果的准确性。基本按照长作业的目标要求完成作业。	10	
	2. 成果的丰富性。作品包含的内容丰富多彩，可获取的有用信息更多。	20	
	3. 成果的创造性。作品富有特色，有很多与其他小组的不同之处，包含了很多创新的点子。	20	
情感态度	1. 规定时间节点内准时完成。长作业的每一个阶段性成果检验时都按时上交作业。	10	
	2. 各环节活动符合规范。长作业过程中的每一个阶段都按教师的指导完成各项活动，符合教师的要求。	10	
	3. 参与各环节活动。能主动组织和参与长作业的每一个阶段的活动，表现积极。	10	
总分		100	
综合评级 85以上为优秀，75以上为良好，60以上为合格，60以下为不合格			

长作业评价与一般作业评价最大的区别在于其时间跨度较长，所以过程性评价在长作业的评价中尤为重要。在长作业的设计中，需要对各个环节进行及时合理的可视作业布置与动态化监测。师评时教师不仅要注重最终呈现出的成果，也需要在过程中及时了解和指导各小组的情况，有意识地收集相关事实材料，关注小组成员整体表现，全面客观严谨地进行评价。例如，教师在评价时，既要关注学生在长作业完成中学习动机的强化、学习热情的增加、学习策略的运用和学习自信的积累，

自主的风景

——「四自」德育让成长更有力量

也要关注学生在长作业完成后对结论的解读是否客观、是否生成了知行合一的信念、是否提升了合作意识和表达能力等。

本次活动立足于学生的实际需要，有效提升了学生的生涯探索与规划能力，使学生的自主规划意识显著提升，让学生的学习情感与职业理想得以树立。通过提供长周期、项目化的作业形式，让学生在真实环境中完成身体、头脑和环境的多重互嵌，赋予学生以分析问题、解决问题的复杂环境和真实场景。同时，在探究与体验的过程中，学生的职业情感得到激发，职业价值观与职业理想逐渐树立。如一位学生在作业中所写：

虽然这次调查没有办法进入精神病人的病房，不过也向医生了解了不少有关精神病方面的内容，我国的精神病诊治水平确实相对落后，专门的医院和医护工作者较为短缺。如果我能聚焦这一块，借助出国深造的机会多学习相关知识，就能获得较好的发展前景，还能为我国精神病诊治作出贡献。目前，随着时代的快速进步，高强度、高压力使得越来越多的人有精神方面的问题。精神病的特殊性导致患者自身无法抑制，使得会影响自己的正常生活，被外人排挤。每当我看到这种情况时心中总是感到不可言状的难受。精神病人虽然自己意识有问题，但内心终究是很孤独的，所以我希望以后能够帮助他们回归正常生活，也希望人们正常对待得过精神病的人。我们不应戴有色眼镜看待精神病人，应该理解其病因和所遭受的折磨，帮助他们走出疾病困扰，走向幸福生活。所以我的另一梦想就是帮助人们改变对精神病人的认识。希望高中三年的努力能帮助我实现这个理想。

第四章

具身视域下的
自主管理

自主管理是中学德育的重要内容之一。通过一系列的身心体验，科学认识自我，学会自我管理，是具身视域下德育工作的重要任务。本书编者团队结合高中生的生理和心理特点，从具身认知的角度，精心设计系列课程和活动，从身体、情境、交互、生成等视角，引导学生通过具体的身心体验，学会自主管理。

　　本书中的自主管理主要体现为学生在以下四个方面的管理，即时间管理、身体管理、情绪管理、社交管理。无论是哪一方面的管理，都需要学生的自主参与。如时间管理需要学生具有时间观念，并能在有限时间内主动规划各项事务；身体管理需要学生树立健康意识，关注健康状况，主动爱护自身身体；情绪管理需要学生关注自身情绪变化，能主动调节和控制情绪，保持心理健康；社交管理需要学生具备主动社交意愿，并善于和他人和谐相处，维护良好人际关系。

　　自主管理在促进个人健康成长以及与他人和谐共生上都具有重要意义。大量教学实践证明，"激发管理需求—巧妙引导支持—加强情绪管理—提升自主管理"是引导学生实现自主管理的基本路径。本章将围绕自主管理呈现三个典型案例，案例1聚焦情绪管理与身体管理，通过开展"情绪成长营"活动，以此引导学生实现"身"与"心"的和谐相处，既在利用身体转化消极情绪的同时，也可以通过消极情绪的缓解与释放促进身体的健康发展。案例2和案例3则是聚焦时间管理和社交管理，通过"校内艺术节"和"校外志愿者"两个活动，让学生在实践活动中学会时间管理，如课业学习时间与课外文娱时间的合理安排；同时也让学生在实践活动中学会社交管理，如学生个人与老师、同伴、社区人员等其他主体的关系处理。

　　经由以上三个自主管理的实践活动，不仅激发了学生自身的管理需求，同时也掌握了自主管理的策略和方法，进而提升了学生在时间、身体、情绪以及社交上的自主管理能力，为"四自"德育中自我规划、自能学习、自强发展的实现提供了有力的保障。

案例1　稳定情绪，助力成长

——具身视域下的"情绪成长营"系列活动

一、活动背景

　　情绪是以主体的需要、愿望等倾向为中介的一种心理现象，情绪存在于人类生活的方方面面。在高中学习生活中，学生学业任务重，压力大，常常被学习任务和父母期望所困扰。在这样的情境下，很多高中生容易出现情绪问题，甚至出现由情绪不稳定带来的学习能力下降、睡眠障碍等系列身体健康问题，严重影响正常的学习生活节奏，因而拥有自我管理情绪的能力非常重要。拥有情绪管理的能力，其前提是科学地认识情绪、觉察情绪并学会做好自我情绪管理。情绪管理是自主管理的重要内容，情绪管理教育绝不是脱离身心体验的空洞说教，也不意味着让学生成为一个个没有负面情绪或情绪波动的个体，而是通过具身化的实践活动，让学生在身心参与中能自觉地觉察情绪、理解情绪，最终学会与情绪和解。

二、活动过程

　　为更好地帮助学生进行自主的情绪管理，学校班主任团队与心理老师深入合作，开展了为期1个月的"情绪成长营"活动。该活动总共分为四期，在每期活动中，老师们科学地设计各个环节，让学生回归身体参与，赋予身心体验，身临其境地做出情绪判断与情绪管理决策。

（一）在戏剧中初识情绪——激发情绪管理需求

识别情绪是情绪管理的基础，是情绪反应的初级阶段。萨提亚家庭研究院提出了至少500个对情绪的描述和解释，但通常学生并不了解发生在自己身体里的情绪，不知道一些糟糕、不舒服的状态是由怎样的情绪引发，当问题与情绪交织在一起，只会让更强烈的情绪积压在身体中或像火山爆发般喷涌，失去对情绪的自我调节。因此，在"情绪成长营"的第一期，我们通过戏剧表演的方式，创设情境，让学生具身参与，用身体和心灵去看见情绪、聆听情绪、感受情绪、理解情绪。

第一期　让我重新认识你

本期目标：认识基本情绪与复合情绪，正性情绪与负性情绪；了解情绪产生的机制；理解情绪背后的需求。

本期活动：

活动1：一人一故事，畅谈我与情绪

让学生自由选择情绪卡牌，可以选取最近体验过的、出现频率较高的八种情绪，然后将这八种情绪按照喜欢的情绪和不喜欢的情绪进行分类。在小组中进行情绪故事分享。通过畅谈情绪，让学生认识到每个人都有多种情绪，情绪是与生俱来的。我们有喜、怒、哀、惧、厌这几种基本情绪，也会随着年龄的增长出现无奈、寂寞、伤感、孤单等复合情绪。有开心、轻松、自豪这些正性情绪，也有沮丧、失落、迷茫等负性情绪。

活动2：戏剧表演，《小A的情绪》剧场

提供剧本《小A的故事》，每个小组为一个剧组，需要全组成员先进行剧本研读，首先，找出故事中小A出现了哪些情绪，并分析引发该情绪的原因，探究每种情绪背后的心理需要。其次，依据剧本情节，进行角色分工与表演，由一人扮演小A，其他成员在其身后分别扮演小A的一种情绪。当小A出现某种情绪时，该情绪需要拍拍小A，并讲出自己为什么会出现，以及内心真正的渴望是什么。最后，每个小组轮流进行表演，其他组在观看中思考"如果我的情绪是一个信使，它会告诉我什么"。

活动3：重新认识你，我的情绪

在充分的身体参与和情境激发中，让每位学生都同时以表演者和观看者的双重身份清晰地、具象化地看见情绪，聆听情绪；最后让学生回忆自己最近或经常出现的某种情绪，特别是一些消极情绪，写下对它想说的话。

示例：消极情绪我想对你说

情绪，

你好，很感谢你的光临。你的到来让我感到……

我知道你来的原因是……

其实，我的内心需求是……

接下来，我要改善这种情况……

让学生认识情绪，特别是识别情绪的产生机制，对于理解情绪、调节情绪是非常重要的一步。情绪产生于人的需要，当需要得到满足，会产生积极正向的情绪；而需要没有被满足时，会出现消极负向的情绪，因此如何理解自我情绪产生的原因以及内心真实的需求需要学生用心觉

察与体会。这种发自内心的感受与体会无法在老师的讲解或书本知识中获得，唯有通过身心参与的活动，在贴近真实的情境中生发。本期通过三个活动，让学生在参与中初识情绪、理解情绪。

（二）在冥想中觉察情绪——加强情绪管理引导

情绪管理的基础是能及时觉察自我的情绪，特别是能够第一时间发现自己的不良情绪，如焦虑、沮丧、委屈等，这有助于我们调节情绪、应对挑战。高中生正处于身心快速发展时期，承受着来自自身成长和学习、人际等多方面的挑战。在各种挑战与压力下，高中生容易产生许多消极情绪，当这些情绪长期不被觉察和释放，往往容易积压在身体中，产生一些躯体性表现，如大考前容易失眠，考试紧张时容易胃痛等。因此，在第二期的"情绪成长营"活动中，我们将引导学生调动自己的身体感官去充分感受情绪在自己身体中的变化，觉察身体发出的情绪信号。

第二期　如果身体会说话

本期目标：根据身体的状态，及时觉察压力出现时的情绪反应。

本期活动：

活动1：与压力相"逢"

邀请学生参与游戏"逢7过"，让学生从1开始轮流报数，到含有7的数字和7的倍数时，必须以拍手代替，下一个人继续报数。如果有人说错或动作错，则需要上台表演一个2分钟时长的节目。在游戏情境中，唤起学生的压力或紧张感。

活动2：我的压力泡泡

首先引导学生进行正念冥想，让学生觉察最近的情绪状态，然后引导学生在白纸中间画出"压力中的自己"（可以形象化为任何事物）；接着引导学生在自己旁边画上一些圆圈。圆圈有大有小，代表压力的大小。最后引导学生把具体的压力填到圆圈里，并感受一下，自己感到压力时的反应，比如身体反应：胃痛等；心理反应：烦躁等；行为反应：拖延等。

在教师的冥想指导中，学生通过艺术绘画的方式，将负面事件以及与之衍生出的消极情绪、身体不良反应等具象化地表达出来。同时，学生在这种具象化的表达中清楚地认识到消极情绪的源头，进而及时觉察自身的情绪变化。

（三）在彩绘中表达情绪——提供情绪管理方法

所谓情绪管理，并不是让学生完全消除或不能有自己的负面情绪，而是能通过合理的方式与途径去表达情绪、疏导情绪。然而，在青少年中，许多学生缺乏表达情绪的途径与方法，往往采取一些极端的、暴躁的，或伤害自己的方式去缓解消极情绪。通过前两期活动，学生在认识情绪与觉察情绪方面有了新的认识与理解，本期活动将借用绘画治疗的方式，让学生学会用绘画去表达情绪、舒缓情绪。

第三期　在曼陀罗中寻觅心色彩

本期目标：学会曼陀罗绘画技术，在绘画中表达情绪、放松心情。

本期活动：

活动1：初识曼陀罗

给学生呈现曼陀罗花的图片，让学生观察有什么特点，并说一说在观察时的情绪和感受是怎样的？许多学生认为曼陀罗花很神秘，有一种对称美，看着它觉得内心很宁静……在学生的观察与直观感受中，教师介绍曼陀罗花与曼陀罗绘画。

活动2：彩绘曼陀罗

在彩绘前，教师先通过一段正念冥想，引导学生觉察自己的内在情绪与身体感受，让身心都安放在此时此刻。然后，引导学生带着自己当下的情绪与感受选择一张最喜欢的曼陀罗画纸，用不同色彩的笔去进行绘画创作。曼陀罗绘画是一种随心的创作形式，不需要从审美评价的角度去思考，只根据自己的第一感觉涂色创作即可。在曼陀罗绘画中，每个人都可以把心中的情绪、意识、想法、故事等画下来，甚至很多无法向旁人诉说的话，也可以借由曼陀罗绘画表达出来。在绘画结束后，请学生观察自己的曼陀罗绘画，写下自己的感悟、人生小诗或自己的一字一句。

曼陀罗绘画是心理治疗中的一种绘画疗法，是一种非常有效而简单的心理调适方式。西方心理学家荣格把曼陀罗这类形式的绘画用于自我心理治疗并取得成功，于是，曼陀罗绘画也就成了心理分析学中重要的治疗技术，后来曼陀罗绘画也常用来表达情绪，调节心情。在曼陀罗绘画中，学生可以平复心情，减少焦虑，疏导不良情绪，缓解情绪冲突并且可以让自己专注于此时此刻，激活内在能量。这种调节情绪的方式可以灵活地应用到学生的日常学习生活中，我们也在班级"解忧角"里放置了曼陀罗绘画单与彩笔，当学生有需要时，可以自由拿取进行绘画表达，以疏导内心情绪，释放压力。

（四）在自然中修复情绪——创设情绪管理环境

当悲伤、焦虑、自责、无助、绝望等负面情绪时常袭来，如何冲出情绪的重围，让自己的内心恢复平静，这是许多青少年在面对情绪管理时的困惑。具身认知认为，人的思维、道德等的产生和身体感知密切相关。当身处情绪漩涡时，让身体置身于大自然中，在大自然中调动身体的五感，通过观、闻、听、感等修复情绪，让内心获得更多的力量与疗愈。在本期活动中，教师带领学生走出逼仄的教室，走向舒展繁茂的自然，在学校的小花园、小树林、池塘边寻找修复情绪、稳定内心的力量。

第四期　自然中的情绪疗愈

本期目标：感受自然中生命的力量，学会用积极的生命视角看待自身的问题，转化思维，释放压力，获得积极的心态。

本期内容：

活动1：植物与"我"

给学生充分的空间和时间，在学校的花园、树林、池塘边运用正念五感法自由漫步，观察秋天的景色与万物，可以是用眼睛观察，也可以是用耳聆听，或者用鼻腔呼吸自然的空气去感受气味。在充分观察与感受的基础上，去采集落叶，并回应以下问题"如果说你捡到的植物能够代表你此时此刻的心情或自我，你觉得它代表的是什么？""这些叶子（花草）和别的叶子于你而言有什么不一样？"

活动2：叶的重生

带着上述问题去寻找代表自己心情的植物，然后自由创作，用自己寻找到的植物创作一幅植物书签；完成后，给作品取一个名字，并附上一段文字说明，可以是作品解读，或是心情故事，或是一首小诗等。

一花开而见春，一叶落而知秋。一树一花一叶，若我们细心洞察，便能见证独一无二的生命奇迹。亲近自然的过程中，可以调整自我的情绪与心理认知，原本寻常的一草一木，实则蕴藏着能量。在具身认知视域下，本期的"情绪成长营"活动，我们借用园艺疗法，邀请同学们去亲近自然，运用身体的五感去收集花草树叶，制作植物书签，探寻生命的轨迹，抒发对情绪、对自我以及对生命的理解与感悟。从收集植物到书签DIY再到班级分享，看似小小的书签，实则传递着同学们对自我以及对生命的感悟。制作书签和聆听分享的过程，也是同学们舒缓情绪，收获感动，领悟成长的过程。

三、活动成效

通过以上四期活动，学生逐渐学会用更积极、更多元的视角去看待生活中遇到的问题与挑战。正如一位同学在随后的周记中所写：

周末回到家，我最先注意到的是书桌上的那一片绿色。那是我母亲上周把摘下的一枝绿萝，插在了一个旧灯泡里。它仅靠灯泡里接的一些自来水，便生出了新根，长出了新芽。甚至有一片叶像是要冲破束缚一般，向前拼命地探出脑袋，直到太阳光照到了它的全身才罢休。

绿萝是一种非常顽强的植物，它的生长甚至不需要土壤。它萌发的新芽象征着生命的成长，让我有感而发：生命是多么可爱啊。然而，在现在的年轻人里，流行着一种"丧文化"。它的可怕之处在于，它会不停地传播，像病毒一般，让人们看不清生命的价值。也许，许多人都有这样的感受，觉得自己很消极，世界很悲观。他们与积极的人相比区别就在于，不懂得如何去调整自我并理性对待这种情绪。

这让我想起，不久前，有同学向我倾诉了他的烦恼。他当时心情十分不好，非常消极，甚至有了一些极端的想法。而这一切的原因，在于他对生命的认知出现了偏差。这也引发了我的思考：也许对生命本质的质疑，正是这种"丧文化"兴起的原因。因为自己现阶段受到的过大压力（包括学业、人际交往等方面的）以及对自身存在的意义没有清楚的认识，导致人们心理上出现了一些问题。究根结底，这既是社会的高速发展带给年轻一代的后遗症，也是他们自身对自我认知的迷茫所致的后果。

曾经我也有过这样很"丧"的一段时期，每天心里都很消沉，甚至有时觉得自己是抑郁症患者。无论是我所听到的，还是我所看到的，仿佛都是如此悲伤。然而这只是因为我自己悲观的心态，导致我所接受的一切信息对我来说都是消极的。后来，我的好友在听了我的叙述后，和我分享了她的经历，并积极地开导我。后来，我认真地分析了我的心态，找出了其中的问题所在，尽力改变自己的想法和看法。终于，我走出了那片阴霾，以一种乐观的心态去面对自我、面对世界。学会自己去调整情绪，调整心态，这也是我的一种成长。

其实，在成长的过程中，我们都会对生命的意义有所思考。虽然我现在并没有想清到底何为生命，但我选择了以一种乐观的心态去对待生命、自身和世界。在困境中能够自救，在消沉时能够自我调整，在成长中学会珍视生命，这也是我们成长过程中必修的一课吧。

自主管理是实现自我发展和社会适应的重要能力。在具身视域下，学会自主管理需要每一个学生身体力行，充分参与、体验、感受。在为期1个月的活动中，学生逐渐学会了认识情绪、察觉情绪、表达情绪、修复情绪。在真切的参与感受中，学生学会了管理自己"身"与"心"的关系，并一步步成长为遇事有主见，拥有健全的人格、积极的心态和良好的个性心理品质的新时代青年。

案例2　星火筑梦强国路，青春追光向未来

——具身认知视域下的"五四艺术展演"系列活动

一、活动背景

时间管理与社交管理是学生自主管理的重要内容，合理的时间规划以及正向的社会交往对学生成长与发展有着重要的意义。作为提升学生自主管理能力的重要方式，学校德育活动往往会陷入活动序列化程度低、形式主义色彩浓厚、实施路径单一、缺乏共情力等困扰中，而学生在无序列、质量低的德育活动中，就无法有效地树立自主管理意识，培养自主管理能力。因此，学校德育活动的设计与开展需要符合学生身心发展特点，以"主动"代替"被动"，以"体验"代替"灌输"，以"知行合一"代替"身心分离"，关注学生的自主参与，让学生在德育活动中进行价值判断与行为选择。

二、活动过程

为了提升学生自主管理能力，增强德育活动的育人实效，学校策划开展了主题为"星火筑梦强国路，青春追光向未来"的"五四艺术展演"活动暨理想信念主题教育活动。活动过程分为三个阶段，即海选活

动—筹备活动—展演活动，学生在活动过程中的每个环节中都需要进行有效的时间管理和社交管理。

（一）核心任务驱动，激发管理需求，深化主题认知

在德育主题活动中，活动内容和活动形式应当相辅相成、密不可分。然而在高学段的德育活动中，容易忽视或轻视德育活动内容本身，只重视活动的形式，这样的活动如同简单的集会，缺乏道德的滋养和核心立意，形同虚设。学生在活动结束后，对活动主题的认识和理解不够深入，活动的育人效果没有达成。究其根本原因，在于活动中学生没有体验参与感，学生的自主性没有充分发挥。因此，为了增强学生在活动中的主动参与，深化对活动主题的认知，可以采取任务驱动的方式，即学生在教师的引导和帮助下，紧紧围绕一个共同的任务，进行自主探索和互动协作，从而激发自主管理需求。下面以"五四艺术展演"之海选活动为例，展开阐述任务驱动下如何促进学生的活动主题认知，激发学生的管理需求。

活动1：

"五四艺术展演"之海选活动

（1）活动目标

通过海选，让全体学生聚焦活动的主题，明晰活动的意义，真正理解青年人的责任与担当，将祖国的命运与个人命运紧密相连。在全身心投入准备活动的进程中，加强学习，提升认识，同时与同学合作，深入理解艺术节展演的育人价值。通过积极参与活动，激发学生爱党爱国的内生动力，形成参演团队的共识，培养学生个人、学生群体对国家、民族的认同感和自豪感。

（2）活动要求

节目内容须贴近百姓生活，反映社会正能量，能够充分展示青年学生积极向上的精神风貌和守正创新的责任担当。参选人员必须热爱艺术，充满正能量、积极向上，个人或集体均可报名参加海选。

活动的形式包括歌曲、舞蹈、戏剧、曲艺、小品、杂耍、朗诵、魔术、手工制作、非遗项目、民间绝活等，同时鼓励更多原创作品参与展演。声乐类、器乐类、舞蹈类节目一般不超过6分钟，其他类节目一般不超过15分钟。

（3）活动过程

为参与海选并急切希望自己的节目能顺利通过海选，学生进行积极的准备。学生精心地进行节目设计，多方查找资料构思节目形式，积极采风将海选节目与生活紧密结合，突出真实性。教师引导学生积极进行排练，激发学生内在动机和参与热情、大力培育和践行社会主义核心价值观、激发学生健康向上奋发的青春热情、弘扬地方民族音乐文化，坚守理想信念、坚定文化自信。

（4）活动评析

参选舞蹈《花木兰》演出的学生这样说道：我们偶然在网站上看到《花木兰》这个节目，触动很大，想着我们也要自己去做一出属于我们自己的巾帼英雄的戏，然后便选定了主题是木兰替父从军的故事。我们在原有节目内容的基础上进行了创新，比如加入了舞剑这个部分。为了让情感表达更深刻，我们还去重温了《木兰辞》，从词句间感受木兰那种属于女子的飒爽英姿。最重要的是眼神和情感的训练。可能是没有亲身经历，没有办法做到情感互通，所以那种气势一直没做出来。大家也是一根筋，就成天对着镜子练，还试图拿自己同学当作试验品，想用眼神去吓倒她们。情感的真正出来是在彩排的时候，当红光打在我们身上的时候，那种替父从军的自豪感和英勇无畏的感受才真正产生。所以最后一声"哈"不仅是作为木兰的英勇展现，还是作为当代新青年的无畏与奋斗的发声。所以在这个快速发展的时代，只有经历过历史沉淀的、传统的东西才会触动到大家的内心，那种会令你油然而生民族自信的作品，才会是最好的作品。

活动2：

"五四艺术展演"之前置主题班会活动

（1）活动目标

艺术展演活动的前提是让活动参与者正确理解活动主题和相关内容。在进行活动前，精细设计的主题班会活动将活动的实施背景和活动的相关内容进行普及，以全员参与的方式将其活动内涵把握透彻清楚。结合本次艺术节举办主题"星火筑梦强国路，青春追光向未来"，全校统一主题开展形式多样、内容丰富的班会课。通过开展班会课，让学生赴一场文化盛宴，来一段文化之旅，增强文化软实力，提高中华文化认同感，身体力行地守正创新，把心动转化行动。

（2）活动内容

"星火筑梦强国路，青春追光向未来"。今年是中国共产主义青年团成立101周年、五四运动104周年，为深入学习宣传贯彻习近平新时代中国特色社会主义思想，大力弘扬"爱国、进步、民主、科学"的五四精神，让红色基因焕发青春色彩。通过回顾历史、向革命先烈学习、青年人的责任与担当等活动，在"五四"走过百年的时光里让我们青年共赴这场青春盛宴。

（3）活动片段

① 班会活动："点亮中国"。

"点亮中国"班会活动主要包括四个活动环节。环节一：点亮城市。通过快问快答的形式，让学生感受到城市生活的便捷。环节二：点亮乡村。课前以小组为单位，让学生收集关于中国乡村的资料。课堂上通过视频及图片信息进行展示学生收集的资料，让学生了解中国乡村的过去和今天。环节三：点亮中国。通过视频、图片、文字，展示脱贫攻坚工作中最重要的一环——人。在脱贫攻坚战中就就业业的人们，他们苦干实干，将最美的年华无私奉献给了脱贫事业。

本次主题班会活动，学生回顾自己的日常生活，增强生活在城市中便捷与幸福的意识，认识到如今享受的这份温暖与明亮，建立在城市最先被点亮的基础之上。通过震撼人心的具体事例，让学生感受到我们幸福生活的同时，这片土地上还有许多地方的人，因为自然条件、历史等原因，还处在愁吃愁穿生活无保障的状态，甚至还有些贫困程度是我们无法想象的。脱贫攻坚战很艰难，但在全国人民共同的努力下，在2020年底，星星之火呈燎原之势，点亮了乡村，全国脱贫攻坚目标任务顺利完成。通过感受榜样的力量，教师引导学生切身体会虽然我们并未直接参与一线脱贫攻坚工作，但我们拥有未来的无限可能。在班会活动中，引导学生深入思考我们如何成为一个社会、国家所需要的、像黄文秀一样的、普通却不平凡的人；让学生感受到星星之火也有燎原之势，未来振兴中华的重任可以由我们每一个平凡人去共同实现。点亮中国，奋斗有我。

通过主题活动前置内容和具体情境的创设，让脱贫攻坚这一国家政策不再抽象，伴随着对脱贫攻坚的体验与交互，让学生在活动中成长，让学生对国家重要政策有了进一步的了解，同时让学生感受到强国是由每一个平凡人去共同实现的，充分体现出主题活动具身性的特点。

② 班会活动："向光而行——共产党人的精神谱系"。

"向光而行——共产党人的精神谱系"班会活动中，教师通过向学生展示图片资料（沈亦晨，27岁创立公司研究解决中国芯片难题；申怡飞，21岁研发5G核心技术……）以及视频资料（"镍"与新能源汽车），让学生思考核心问题：新能源汽车如何"跑下去"？随后，学生以小组为单位，利用所学的科学知识，并结合查阅的相关数据资料，形成问题解决方案。

（4）活动评析

本次主题班会结合时事和学科背景，创设科学合理、新奇有趣的问题情境，让学生将书本知识学以致用的同时，提升学生的兴趣，调动学生的感官，拓宽学生的视野，让"科学家精神"落地，并不是"远在天边"；激发学生的探究欲，通过体验式的探究活动，在问题解决中带领学生感受到：平凡的我们也能通过力所能及的事情去做科学家精神的践行者，呼应本次艺术展演的主题"青春追光向未来"。让学生体会生活中这伟大的精神离我们并不远，精神力量"近在眼前"。每一个平凡的我们，亦可以是这精神力量的践行者，呼吁学生知行合一，风华正茂的我们也能创造出、散发出耀眼光芒。

（二）创设真情实景，注重方法引导，增强情感体悟

个体道德的发展依赖具体情境，故德育活动的开展离不开具体的情境。教育者进行德育活动时，需要将抽象的道德准则、规范还原到相对真实的情境中，激发学生的道德情感体验，促进道德认知的发展，从而内化为自身的价值观、信念观念。在本次艺术展演的筹备活动中，通过带领学生实地采风、走进博物馆、文化馆、采访主题人物等方式，为学生提供实感具身情境，让学生在真听、真看、真参与、真触摸中获得鲜活的情感体验和道德认知。

五四艺术展演之高校体验活动

此次高校体验活动中，同学们走进四川大学与电子科技大学，分组参观了校史馆、华西口腔医学院等12个学院及博物馆，深入学院近距离感受各种实验与仪器。同学们热情高涨、积极提问，在浩瀚的学科海洋中了解、感受与体验。

习近平总书记说过："志向是人生的航标。一个人要做出一番成就，就要有自己的志向。"创新人才培养要从中小学抓起，要加强人才

持续培养，为国家、为社会输送栋梁之材，为早日实现中华民族伟大复兴添砖加瓦。通过本次主题研学活动，让高二学生走进知名大学，对自己感兴趣的学科及专业有了近距离的体验，更好地帮助同学们对自己的高中生涯进行明确规划。这充实的一日所播下的星星火种，一年后必然会成为燎原之火，照亮同学们前进的方向。同时，研学活动让学生们尽早探索专业兴趣，激发了学生学习的内生动力。

（三）多维体验交互，提供情感支持，促进情意耦合

具身认知理论指出，道德行为的产生与个体通过身体与环境互动产生的体验有关，积极的情感体验不仅能强化道德认知，更能激发学生产生道德行为。在德育活动中，教师主动提供情感支持，使主体与主体、主体与环境之间通过身体、表情、言语等身体活动进行互动交流，情绪相互感染，引起共鸣，以此实现彼此的协同与理解，学生正是在这种交互中实现良好人际关系的自主管理。

活动1：

五四艺术展演之"槐花几时开"

（1）活动目标

《槐花几时开》是一首经典的四川民歌，我校学生将其作为参演曲目，希望以此为观众呈现一幅地域色彩浓郁的民俗风情画卷，表达对本土文化的热爱，彰显民族自信、文化自信。

（2）活动过程

① 艺术感知：通过聆听—分析—演唱—探究《槐花几时开》这首四川民歌，引导学生感知歌曲所具有的音乐表现特征，探究歌曲曲调与语言间的音韵美，提升其音乐的审美感知。

② 创意表达：通过有趣且有效的歌唱学习环节，激发学生学习兴趣，在把握歌曲音乐风格的同时，给学生提供艺术表现的空间，提高学生的歌唱水平，并且通过师生的合作演唱，增强学生的协作能力，培养

团队精神。

③ 文化理解：通过聆听—分析—演唱—探究—演唱的学习过程，深入感知四川民歌《槐花几时开》，引导学生探究其独特的风格和丰厚的文化内涵，正确认识方言与民歌的关系，引发学生对民族音乐的认同感，坚定文化自信。

④ 审美情趣：通过学习短小质朴的四川民歌，感知蕴含的无穷的审美空间和深层次的文化底蕴，在音乐结构的对称美、自然环境的生态美、母女二人的亲情美、一问一答的灵动美、曲调语言的音韵美中提升学生的审美情趣。

（3）活动评析

在四川民歌《槐花几时开》的筹备过程中，何妍倪老师将艺术素质的四个方面渗透其中，让学生通过"聆听—感知—演唱—合作—探究—演唱"等视觉、听觉多感官参与体验，想象槐花盛开的动人场景，感受歌曲情境中蕴含的生态美、亲情美，充分体现了具身情境以"想"促情的特点。活动不仅提高了学生的艺术感知力、艺术表现力，还引导学生更深层次去思考音乐背后的文化内涵，增强学生的民族认同感，坚定文化自信，继承和发扬本土文化。

活动2：

五四艺术展演之体验表达

观众的体验：

2021级（1）班巫一希："在我看来，这一次活动的举行对于我有巨大的意义。作为一名观众，在观看精彩的表演中，我深化了思想认知。在《奔跑的青春》中，我明白了：百年前的中国，山河破碎，风雨飘摇，是青年，以满腔的热血，在时代中带领这个民族奋斗拼搏；五十年前的中国，经济落后，无长之技，是青年，以无限的活力，在时代中引领这个民族经济复苏；二十年前的中国，活力四射，青春洋溢，是青年，以更加饱满的热情，在时代中带领这个民族饱含期待；当前处于新时代的中国，奔跑着，涌向奋斗的青春，这是属于中华儿女的青春，是属于我们的奔跑的青春。正如一位同学所言：'我的人生可以是彩色的，但底色必须是红色。'"

筹备学生的体验：

学生会生活部的罗砚秋同学感叹道："在这场艺术展演中，我们深刻感受到了青春与时代的共鸣。繁花只有在盛世之下才能盛开，我们当代青年在祖国为我们撑起的晴空之下开出各种缤纷的花朵，而在五光十色的花团锦簇下，我们的根系都深植于红色的沃土之中。晚会压轴的歌曲联唱《美丽中国》，是由青年以青春为祖国唱响的颂歌。当耳熟能详的旋律响起时，台下许多同学都全情投入地跟唱。从大江以北到彩云之南，歌声里回响的是我们生逢其时的幸运与对美丽中国的自豪！除此之外，《奔跑的青春》《可爱中国　可爱你我》《祖国之子》，平时或许我们会觉得这样高远的主题有些空阔，但当这一个个以学生为主体的节目用极高的完成度和饱满的感染力呈现在我们眼前时，我们明白，作为在盛世中成长起来的一代，我们享受着祖国为我们提供的'处处是生机，处处是希望'的城乡环境，对祖国的感恩与自豪绝非唱高调，而是自然而然的真情流露，是发自肺腑的情感表达。"

三、活动成效

本次高聚焦、高效能的具身德育主题实践活动，学生从"被告知""被管理"到切身体验、自主管理，从书本走向真情实景中的价值判断和行为选择，更能建立积极的道德情感，并把自己认同的道德价值转化为自主道德行为。学生在活动前后围绕任务完成或问题解决展开自主探索、自主实践，在身体与情境的互动中，让知、情、意、行得到全面生成，提升了自主管理的意识和能力。

（一）时间管理效能提升

主人翁：李侯鹏

人物介绍：2020级（7）班学生，高中三年连续担任班干部，校合唱团核心成员，艺术展演主创及参演者。

人物活动：作为艺术展演的主创和主要参与者，李侯鹏在活动中全情投入，认真创作，反复打磨排练，取得了很好的节目效果。他自己也收获了很多主题活动之外的感受和体会，即学会了合理规划和管理自己的时间。

人物感言：创作艺术展演等活动及参加合唱能够让自己变得更开朗，同时也锻炼了我一定的抗压能力，当活动安排比较密集时，会占用大部分的课余时间，甚至会挤占部分学习时间，这种情况下，就需要我自己主动去协调时间，合理安排好学习任务和展演活动任务，虽然过程比较艰辛，但在这样的过程中不仅锻炼自己的抗压能力，而且自我协调能力也得到了提升。

（二）社交管理能力增强

主人翁：龚正、胡洋、杨紫萱、刘澄澄

人物介绍：川师附中2024届学生，2022IFEC十八强选手

人物活动：4位同学相互支持，共同协作，经历了主题确认、组建团队、校内选拔、决赛准备及展示等系列过程。杨紫萱同学通过自己热情洋溢、声情并茂的介绍，跻身十八强选手。4位选手身体力行，围绕参赛主题进行了充分的准备。利用学校图书馆和多媒体教室查阅相关资料，走进川菜博物馆了解成都美食，多次修改和完善参赛稿，反复打磨和练习，最终在决赛中完美地探讨了中国成都与德国在食品和设计两方面的文化异同，通过介绍德国先进的冷藏技术和成都美食，旨在告诉大家——两者的有机结合能帮助我们成都本土美食更好地走出去！

人物感言：经过大家的共同努力，我们终于顺利完成了这次展演活

动。我深刻体会到了团队协作的力量和重要性。每个人都发挥了自己的专长，不断进行优势互补，为活动的顺利推进贡献自己的力量。在这个过程中，我们相互支持、相互鼓励，学会了与他人沟通、合作，使自身的社交管理能力不断增强。

案例3　走出校园实践，促进知行合一

——具身视域下的"志愿者服务"系列活动

一、活动背景

川师附中贯彻党的教育方针，聚焦转变育人方式，推动高中教育高质量发展。学校结合国家课程，创新育人方式，积极开设各类综合实践活动课程，致力于培养学生的社会责任感、创新精神和实践能力，提升学生的综合素质。我们学校的综合实践课程，始终以加强对学生生活技能、劳动习惯、动手实践和社会交际能力的培养为导向，以社团课、选修课的形式，引导学生积极参与各类社会实践活动，丰富学生实践体验，促进知行合一，充分发挥铸魂育人的作用。学校的社团课由德育处引领，联动所有学科组和学生会，积极探索"具身"德育的实施路径，形成了丰富的、多样的、实践性强的社团课程。结合学生已有的生活经验，设置实践活动，通过创设贴近学生生活实际的活动情境，将学科逻辑与实践逻辑、理论与生活相结合，引导学生在自主思考后做出正确的价值判断和行为选择，提高学生运用所学知识在"真情实景"当中解决"真问题"的能力；彰显活动课程的实践性、参与性、生成性，帮助高中生涵养必备品格，树立正确的价值观。

二、活动过程

我们改变传统的活动观，以具身理念为导向，精心设计、组织开展主题明确、内容丰富、形式多样、吸引力强的教育活动，以鲜明正确的价值导向引导学生，以积极向上的力量激励学生。通过高质量具身化德育实践活动设计，引导学生从书本走向真情实景中的价值判断和行为选择，更能建立积极的道德情感，并把自己认同的道德价值转化为道德行为。为此，我们专门设计了三个专题性活动，让学生在"认识志愿者""体验志愿者""成为志愿者"中增强社会服务意识，提升社会交往能力。

（一）认识志愿者——在了解中激发管理需求

一般认为，志愿者是自愿贡献个人的时间和精力的人，在不计物质报酬的前提下为推动人类发展、社会进步和社会福利事业而提供服务的人员。志愿服务是任何人自愿贡献时间和精力，在不计物质报酬的前提下为推动人类发展、社会进步和社会福利事业而提供的服务。为了让学生充分了解什么是志愿者、志愿者的由来、志愿者的功能价值，我们设计了"认识志愿者"活动，以期让学生对志愿者有初步的认知，从而激发学生自主探究和自主管理的需求。

活动1：

认识志愿者

（1）活动目标

作为高中生，对志愿者这一身份不陌生，生活中很多场景，都有志愿者的身影。但对于志愿者的具体含义，志愿者的精神内涵，可以通过什么样的方式成为志愿者等问题可能较为模糊。通过此活动，让学生对志愿者的含义、来源、价值、作用、遴选方式等形成初步的认识。

（2）活动内容

志愿者，英文是volunteer，也称义务工作者、义工。依据我国志愿者服务条例，志愿者是指以自己的时间、知识、技能、体力等从事志愿服务的自然人。他们是自愿贡献个人的时间和精力的人，在不计物质报酬的前提下为推动人类发展、社会进步和社会福利事业而提供服务。志愿者制度的确立可追溯至第二次世界大战后福利主义萌发，但志愿者则自古以来已经存在，古时候的赠医施药可被视为志愿者的雏形。志愿者精神是奉献、友爱、互助、进步。恭敬地交付、呈献，即不求回报地付出；欣赏他人、与人为善、有爱无碍、平等尊重；互相帮助、助人自助。志愿者通过参与志愿服务，自己的社交管理能力得到提高，同时促进了社会的进步。这不仅是志愿者精神，也是新时代的青年应有的责任与担当。

（3）活动过程

教师通过自己的身体力行，给学生做示范，让学生了解可以通过什么方式当志愿者，为城市的发展作出一点点努力和贡献。在社团课上，授课教师为志愿者社团的同学们展示了本校老师走出校园，利用自己的休息时间为所在社区服务的身影。在"双减"政策出台期间，我校初中部党员教师走进社区进行志愿服务工作，以实际行动为社区群众办实事、办好事，进行教育咨询志愿服务活动。

（4）活动评析

在此次志愿服务活动中，党员教师秉持着为社区居民服务的宗旨，发扬红烛精神，把宣传教育带给百姓，把教育政策传给人民，把教育关怀送给家长，得到了社区群众的热烈欢迎和积极响应。切实加强了学校和社区、家庭的联系，为社区群众提供了实实在在的帮助，也增强了党员教师的责任感与使命感。在对志愿者的内涵、精神有了充分的了解后，学生看到学校的老师们做出的示范，抑制不住内心的激动，跃跃欲试，也想通过自己的努力，做一些对学校、社区、城市有益的事。

（二）体验志愿者——在协作中注入引导支持

在了解了志愿者的相关知识后，学生对志愿者活动的热情十分高涨，纷纷想走出校园，为自己所在的社区、街道贡献自己的力量。于是我们开启了第二个专题的活动，即"体验志愿者"。利用社团活动的时间，带着同学们走出校园，走进社区，教师全程指导，带领同学们体验"街道整理"和"垃圾分类"活动，初步感受志愿者的工作内容。

活动2：

体验志愿者

（1）活动目标

通过实际参与志愿者服务工作，让学生对志愿者活动有初步的认识，了解志愿者的服务内容，体会志愿者在社会和谐发展中的重要作用。与此同时，让学生在体验志愿者活动中树立服务意识，学会与他人和谐相处，提高社交管理能力。

（2）活动过程

① 头脑风暴

教师："你们想一想，社团课在周二下午，两节课的时间，我们在这个时间内，可以做点什么？"

学生1："我们可以把校门口凌乱的共享自行车整理一下。"

学生2："国家提倡垃圾分类，我们上周在升旗仪式上学习了，我们可以把这样的理念，也传递给周围的公民。"

学生3："我们可以在合适的时间，去看望和慰问不同的群体，给他们送去问候和温暖。"

……

志愿者社团的同学们集思广益，想了很多在社团时间内可以做的事。虽然时间不多，但走出校园，身体力行，是体验志愿者的第一步。

在征集同学们的建议后，我们召集志愿者社团的负责人，写了初步的活动方案：利用社团活动时间，走出校园，走进社区。

②初次体验

第一次体验，在社团活动时间我们为每一位参与的同学统一了服装和小红帽，还准备了一些劳动手套。同时介绍了志愿者体验的重要任务，整理花园街两边的共享单车。花园街附近居民众多，附近还有2家银行和1所小学。路边的共享单车多且杂乱，车流高峰时会影响花园街的车辆通行。在90分钟的活动时间里，学生分成3个体验小组，分别负责银行门口、小区门口、超市门口的共享单车整理。通过整理，让这几处的共享单车从杂乱摆放，到车头一致，整齐有序。

图4-1　活动照片

有趣的是，在整理的过程中，孩子们的体验是复杂的。有同学感受到，从无序到有序，是一个费时费力的过程；要想一直保持这样的整洁，需要靠每一位骑行者遵守骑行和摆放的约定。还有同学提出，通过志愿者或者是工作人员的整理，效率低，如果能在社会上加强宣传，在停放点附近明确划出停放区域，通过引导线和提示语让骑行者有序停放，会从源头上解决问题。还有同学看到自己和同伴整理后摆放有序的自行车，感觉到了别样的成就感，还在想以后的社团活动，能不能有其他的志愿者体验。伴随着对秩序的体验与交互，让学生在活动中成长，同时感受到社会的有序，需由每一个平凡人去共同实现，充分体现出这次活动具身性的特点。

③二次体验

第二次体验，我们感受到学生们更加自主、独立。当时恰逢国家正在大力宣传垃圾分类，我们学校利用升旗仪式的朝会时间，邀请地理组的李雪老师，为大家讲解垃圾分类的重要性和分类的基本知识；与会的老师和同学们，都觉得很有收获。志愿者社团的同学们，在朝会后，主动找到德育处，提出了自己的想法。利用社团活动时间，走出校园，为社区居民进行垃圾分类的宣传普及工作。在德育处的指导、统筹、协助下，志愿者社团的负责人策划了新一期的体验活动，准备走出校园，走进社区。这一次活动，还联动了社区的工作人员。在四川师范大学社区工作人员的帮助下，确定了活动的具体场地，同时拿到了垃圾分类的宣传资料，为更好地对小区居民进行垃圾分类宣传、强化居民的垃圾分类意识提供了重要的学习资料。

为社区居民讲解垃圾分类的具体要求，并不是一件容易的事。有同学说，爷爷奶奶的听力不好，需要声音大一些、慢一些他们才能听清；小朋友们活泼好动，让他们安静下来仔细听不容易，需要耐心地引导他们一边看、一边讲。还有细心的同学发现，虽然垃圾分类的宣传工作推进得好，但有的地方垃圾分类的垃圾桶并没有同步到位。要想从丢弃端到回收端，做好垃圾分类工作，并不是一件容易的事，需要多方联动才能完成，在这个过程中，同学们的社会交往能力得到不断提升。

（3）活动评析

虽然90分钟的活动时间有限，但学生们为社区和他人做点事的热情无限。可喜的是，他们走出校园，在真实的社区参与活动后，对国家提倡的垃圾分类提出了自己的思考和建议。这样的知识世界与生活世界的双向连接，通过参与实践活动获得切身道德体验，是具身德育活动的意义所在。

在"走出校园"的同时，学生们也在积极地思考，如何"走进校园"。校园是学生们成长过程中的重要环境。在高中的学习中，他们待的时间最多的地方是自己所在班级的教室。但在教室之外，校园里每一处环境，都陪伴着他们的成长。在走出校园体验志愿者的工作后，他们也以志愿者的身份走进校园，策划利用社团活动时间在校内开展"学雷锋"志愿劳动活动。志愿者们用勤劳的双手和对一尘不染的追求将学校三大中心功能区打扫得干干净净，劳动的过程是辛苦的，但劳动的果实是甜美的。学生们用自己的行动充分展现了责任与担当，弘扬了青年学生志愿服务的新时代精神——传递爱心，传播文明。这种"爱心"和"文明"从一个人身上传到另一个人身上，最终会汇聚成一股强大的社会暖流。

通过校园内外的志愿者体验活动，学生们为校园和社区的各项工作，做出了自己的小小努力。对于学生们来说，这是一种课堂内体会不到的获得感和成就感。伴随着真实的体验与交互，让学生在活动中成长，把志愿者精神转化为实际行动，投入日常的学习和生活中，充分体现了活动创设实境具身情境，以"物"促情的具身特点。

（三）成为志愿者——在体悟中提升管理能力

体验志愿者，是学生们高中生活中不可多得的体验，他们通过自己的行动，真切地与所在的环境和社会产生了真实的联系。通过这类亲身参与、充分感知的具身认知体验活动，能让学生将其爱国主义的理想信念、奋发图强的精神品质、健康向上的青春风貌、传统文化的思想精髓，以生动活泼的交互式动态过程表现出来，给人以强烈的视听冲击，留下深刻的思想印记，达到具身德育从"离身"走向"具身"、从"空心"走向"知行合一"的活动效果。更难能可贵的是，当他们走出高中校园，走进自己憧憬的大学，成年之后的他们更是用实际行动在践行奉献、友爱、互助、进步的志愿者精神。有的学生在大学里，毅然加入了所在大学的志愿者社团，成为一名志愿者；有的学生依旧保持着在自己所在的社区，定期报名参加志愿服务的习惯；还有的学生为了更好地、更专业地帮助他人，主动学习一些必备技能，以便更好地在志愿者工作中贡献自己的力量。他们在自己的实际生活中，更好地管理着自己与社会的关系。这样的学生有很多，区玉可是其中的一位。

活动3：

成为志愿者

主人翁：区玉可

人物介绍：川师附中高2023届（11）班学生，高中三年连续担任班长，校志愿者社团核心成员，主动考取AHA-HS急救许可证。

人物活动：怀揣着对医生这个职业的向往以及对生命的珍惜与敬畏，区玉可在高中的暑假参加了急救培训，学习了许多基本的急救技能，并以优异的成绩通过考核，得到了美国心脏协会颁发的急救许可证。在社区的组织下，参加了为边远山区儿童送温暖的社会实践活动，捐赠了一些衣物与书籍，并向山区儿童送去了最真挚的祝福。

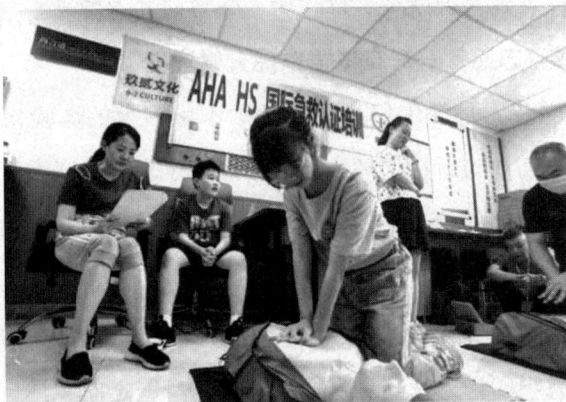

图4-2　急救培训

人物感言：一直以来，我都努力奔赴在自己的热爱里。在社会这个大家庭里，我默默地做自己力所能及之事。家里有亲人生病时，我能主动关心，尽心照顾，并为家长分担家务，做一些力所能及的事情。懂得"老吾老以及人之老，幼吾幼以及人之幼"。我不仅关爱家人，对需要帮助的老幼病残也有着一样的关爱之心，在节假日积极参加各种志愿者服务活动，春节时去养老院，为老人写福字、春联，陪爷爷奶奶们聊天、玩游戏，为他们送去了冬日里的温暖……身为一名新时代的青年，一名共青团员，我深知我们是一批肩负民族复兴大任的时代新人，也深知少年强，则国强。不论是过去、现在还是将来，我都会始终保持乐观、阳光、积极、向上的态度对待学习和生活，继续提高自己、充实自己，努力为建设温暖、和谐的社会贡献出自己的微薄之力。

三、活动成效

中国政法大学教授罗翔曾说：世界上最遥远的距离，是想到和做到。对于高中的学生们来说，为他人、为集体、为社会做一点事，是难能可贵的。学习是他们的主业，繁重的学业压力，让他们很少有时间和机会走出校园，真实地参与社会活动，很多时候是被动地了解志愿者的相关活动，并未真实参与其中，缺乏对活动的具体感受和认知。因此，这些活动的安排需要他们对自己的时间有科学的规划，尤其是学业时间和志愿者服务时间相冲突时，如何进行合理的安排，这是对学生时间管理能力的挑战，也正是在这样的挑战中，他们的时间管理能力才得以提升。此外，在具身视域下，通过主题统领，任务驱动，充分激发学生内在动机和参与热情，形成体系化、具身化、特色化学校活动育人路径与策略。以社团活动为依托，从认识志愿者、体验志愿者到成为志愿者，让学生真切地走出校园，走进真实的生活。与老师、家长、同学协作，与社区工作人员、服务对象沟通，等等，都在一定程度上锻炼了学生与他人的人际交往能力，经由这一系列的志愿者服务活动，学生的社交管理能力正在不断提升。

第五章

具身视域下的
自能学习

在新时代的教育背景下，具身德育作为一种创新的教育模式，强调通过身体感知、实践经验和环境交互来促进学生的全面发展。本章将深入探讨具身德育在自能学习中的应用，展示其如何激发学生的学习动力、提升学习能力，并塑造学习毅力。通过具体的实践活动案例，我们将揭示具身德育如何帮助学生实现自我规划、自主管理、自能学习和自强发展，培养他们成为具备自主学习能力和终身学习意识的新时代人才。具身德育的核心在于将学习过程与学生的身体体验紧密结合，通过创设多样化的具身情境，唤醒学生学习的自我规划意识，发展自我规划能力。在这一过程中，学生的自主性和能动性被充分激发，使他们能够在真实的环境中主动探索、实践和反思。本章通过案例1、案例2和案例3，具体展示具身德育在不同教育活动中的应用，以及其如何促进学生的自能学习和终身成长。

案例1介绍如何通过科学家精神的综合实践活动，激发学生的敬仰之情和向往之心，将个人学习与国家和社会需求紧密相连，提高学习的使命感和责任感。案例2展示地理考察类实践活动如何通过调动学生的多感官参与，极大地激发学生学习的积极性与主动性，提升他们的综合学习能力和沟通协调能力。案例3则通过"笃志前行，顶峰相见"系列综合实践活动，展示如何通过活动锻炼身体，舒缓压力，磨炼意志，培养学生在学习中的积极心态和团队精神。

通过这些案例，我们将看到具身德育如何在实践中促进学生的自能学习，帮助他们在面对挑战时展现出坚韧不拔的毅力，享受挑战极限和战胜自我的勇气和信心。这不仅是对学生个体发展的重视，也是对教育本质的深刻理解和实践。

案例1　点燃探究激情，塑造未来梦想

——科学家精神在学生自主学习中的作用

一、活动背景

科学家精神不仅是我国科学界弥足珍贵的精神财富，更是激励我国科技进步和社会发展的强大动力源泉。中华人民共和国成立以来，科技工作者们接力奋斗，智慧与汗水交织，共同铸就了今日中国的辉煌。面对全球格局的深刻调整和百年未有之大变革时代背景，以及实现新时代伟大发展目标的艰巨任务，我们必须更加重视并积极运用科学家精神这一强大的精神力量，影响和启迪青少年，特别是当代中学生，点燃他们投身科研的热情与自信，鼓励他们在科技创新领域展现青春风采，勇攀世界科技的高峰。

在当前的教育背景下，学习动力对学生个体的成长与未来发展前景的重要性无须赘言。然而，在高强度的竞争环境和单一评价体系下，许多学生感受到的是持续增加的压力而非内在兴趣的满足。不少学生缺乏科学的学习策略，面对信息爆炸的时代，感到无所适从，效率低下，进而产生挫败感，这对他们的学习成效和综合素质的提升构成了阻碍。

本次综合实践活动紧密围绕自主学习的理念，旨在深入探索科学家精神在激发学生内在学习动力方面的独特价值。通过精密策划的实践环节，我们旨在让学生全方位沉浸在科学探究的实践中，亲身体验并深刻理解科学家精神的精髓，并以此作为点燃他们内在学习激情和增强自主驱动力的火花。活动强调学生的主动参与和自我引导，鼓励他们运用自主学习的方法，如设定个人探索目标、规划研究路径、选择学习工具和技术、监控学习进度，并反思学习成果。这一过程不仅促进了学生知识与技能的有机增长，还催化了他们个性特质与道德品质的同步提升，实现了个人全面发展的战略目标。

二、理论指导

（一）自能学习理念

自能学习的概念深深植根于"四自"德育体系——自我规划、自主管理、自能学习与自强发展之中，并构成了该体系的关键要素。它为激发学生的内在学习动力提供了一个坚实的理论支撑和实践架构。通过一系列精心设计的自主学习活动，在教育过程中不仅培养了学生的自主学习意识，也显著增强了他们的自主学习能力，引导个体主动确立学习目标、规划学习路径、挑选合适的学习策略、监督自身的学习进程，并最终评估学习成效。这一模式旨在塑造既懂得如何学习又擅长学习的人才，使他们在自主学习的旅程中不断进步，最终迈向成功之路。

（二）具身认知理论

这一理论主张知识的建构并非单纯依赖抽象思维，而是通过身体的动作、感知体验以及社会互动过程得以实现。在具身认知视角下，倡导将实践活动融入学习过程中，让学生在亲自动手操作实验、观察现象的过程中，通过直接的身体感知和实践经验构建科学知识体系，从而深化理解，提高学习效果。

（三）科学家精神

科学家精神内涵丰富，包括但不限于严谨求实的研究态度，勇于创新的探索精神，持之以恒的工作毅力以及无私奉献的社会责任感等核心品质。这些品质不仅塑造了科学家们卓越的专业素养，也成为引导广大学生树立正确学习态度和行为规范的重要导向。在培养学生的学术热情和学习动力方面，科学家精神提供了榜样示范作用，激励学生在追求科学真理的过程中始终保持专注、坚韧和进取之心。

三、活动目标

（一）自我规划

学生通过自主解读科学家精神，讲述自己最喜爱的科学家故事，自主获取相关的科学家故事资源，深入了解并深刻理解科学家精神的内涵，激发敬仰之情，培养科学探索的热情，树立积极向上的人生观和价值观。

（二）自主管理

结合科学家精神和自能学习理念，开展一个自主探究学习任务，培养学习时间规划、独立思考能力和问题解决能力，增强学习的主动性和创造性，在互动生成中学会对自己学习进行调整，提高自我效能感。

（三）自能学习

在具身认知视角下，组织学生参观大学实验室、科研基地以及参与社区科普宣讲等活动，让学生亲身经历科学研究过程，感受科研环境与氛围，将抽象的科学知识转化为具体的实践操作，从而促进其对知识的深度理解和内化。

四、活动内容

（一）走近科学家，解读科学家精神

科学家精神可以大致概括为胸怀祖国、服务人民的爱国精神；勇攀高峰、敢为人先的创新精神；追求真理、严谨治学的求实精神；淡泊名利、潜心研究的奉献精神；集智攻关、团结协作的协同精神；甘为人梯、奖掖后学的育人精神。我们组织"科学家故事我来讲""科学家科普校园行"两次主题活动，让学生通过讲述科学家的故事和参与科普讲座，亲身体验科学家的工作和精神。

1. 科学家故事我来讲

我校教师鼓励学习小组选择一位大家最喜爱的科学家，收集关于这位科学家的动人故事，并在班会课上与全班同学分享。这个任务不仅仅是简单的收集和讲述，而是一个激励学生深入探索科学世界的机会。通过研究科学家的生平和成就，学生了解到科学探索的艰辛与魅力，体会到科学家们不懈追求真理的精神。这将激发他们对科学的热爱和好奇心。

此外，通过小组合作，学生提升了团队协作能力和沟通技巧，这些都是他们在未来学习和生活中必不可少的素质。在这个过程中，每一位学生都有可能发现自己的偶像，从中汲取力量，激励自己在学习和生活中不断追求卓越。

2. 科学家科普校园行

为丰富学校科学教育课程，开阔学生视野，传播科学文化、弘扬科学精神，我校分批次举行了"科学家科普校园行"的活动，活动主要以专家讲座的形式开展，邀请中国科学院刘定生教授给同学们带来了一场精彩纷呈的科普讲座《卫星遥感技术探秘》；邀请毛康珊教授给同学们带来了生物学讲座《DNA传递生存智慧》。

刘教授就卫星遥感的应用、卫星遥感基本知识、传统卫星遥感以及遥感技术创新发展等方面做出了详细的阐释，用深入浅出、幽默风趣的语言，为同学们揭开了卫星遥感的神秘面纱。利用卫星遥感技术，地球、故宫、天府机场、学校，甚至地表下的古建都被拍摄出来，以及卫星遥感技术在防灾救灾、环境污染监测等领域的强大应用效果，引起了同学们的阵阵惊叹。一项项新颖先进的技术成果和创新发展，更是激发了同学们爱科学、学科学、探究科学奥秘的兴趣。刘教授的讲座让同学们受益匪浅。

毛教授为同学们讲述了人们如何发现并利用基因，通过对化石的DNA杂交捕获技术，我们可以重建人亚科进化历史，揭示人亚科脑容量大小及演化时序。毛教授还讲述了他对云南干香柏杂交渐渗原因的研究过程。通过严谨认真的研究，他们最终确定了云南北部干香柏具有巨柏的1275个基因，占全部基因的4.5%，这是一个杂交渐渗的实例。毛教授的探索远不止于此，中国东南西北都遍布着他和学生的足迹。看着毛教授行途中拍摄的照片，我们感受到了毛教授在艰难的环境中永不熄灭的赤子之心。他投身于科研的精神感染着在场的每一个人。最后毛教授勉励每一位同学，希望大家都多思考，多疑问，多实践，在未来生物学的发展中奉献自己的一份力。讲座接近尾声，学生积极地提出问题，毛教授都耐心地一一解答，他将生物学的火种播撒在了我们每个人的心间。

学生在听了讲座后纷纷表示收获很大，很多同学发表了自己的感想。

2021级（3）班冯婉婷：总体来说，这次讲座让我对卫星遥感技术的基本情况有了一定的了解，更让我感受到了学科交叉融合与多角度创新的魅力。有差距就想尽办法追赶，有缺陷就集各方力量改善，面对已经足够完善的旧创新原理和方法，中国科学家勇于突破，不懈进取的精神，深深地打动了我。作为年轻一代的我们，更位于时代风云变化的风口浪尖，无论是面对AI科技下的工业全面革新，还是在国际竞争中抵御他国的技术封锁，都需要我们拥有立足世界的强大抱负和一以贯之的努力奋斗。青年的动人之处，就在于勇气和他们的远大前程，或为探索世界奥秘，或为祖国和人民的美好未来，我们都该勇往直前，像遥感卫星那般，从高空看世界，绘出绚丽蓝图。

2021级（8）班徐诗媛：毛教授的讲座让我们收获颇丰，通过本次讲座，我们走近了诺贝尔生理医学奖获得者，了解了物种间如何传递生存智慧，也追溯了人类进化的历程。听完毛教授的讲解，我们对生物学的兴趣大大增加！

2021级（8）班冯钰涵：生物学是一门多么有趣的学科啊，小小的基因能创造出如此巨大的差异，也能蕴含生灵万物生存的基本规律，感谢毛教授为我们带来如此意义非凡的一课！

（二）自主探究科学问题

教师布置一个开放性任务，即针对自己感兴趣的科学问题，自主选定研究对象，按照科学研究的相关方法，查阅相关资料并筛选有用信息，小组自行研究并进行表达和交流。

在此过程中，学生经过讨论自主选定一项科学主题或问题进行研究，并根据科学家的研究路径，制定个人项目计划书，明确目标、步骤及预期成果，锻炼了学生自我规划的能力。在项目实施过程中，教师引导学生合理安排时间，有效利用资源，如图书馆查阅资料、实验室操作等，强化自我管理能力。除此之外，学生独立或合作完成科研项目，通过实验设计、数据收集与分析，提升了解决问题的能力和自主学习技能，体现了学生自能学习的能力。当面临困难和挫折时，教师鼓励学生参照科学家面对失败的态度，坚持不放弃，从挑战中汲取经验，实现自我超越。

在汇报过程中，学生采用了多种多样的方式（论文、研究报告、手抄报以及视频等）展示成果。特别值得一提的是，2021级4班江中同学在学习了"捕获光能的色素与结构"一课后，了解到叶绿素是植物进行光合作用所必备的物质基础，有着至关重要的生理作用。查阅资料后，他知道了在长时间的强光照射下叶绿素会发生分解，且叶绿素存在于叶绿体中。因此，他们小组推测叶绿体在细胞内的分布可能会随光照情况的变化而变化。带着这样的猜想，他们小组分工合作，查阅资料，设计并开展了"探究不同光照条件下叶绿体的积聚响应和躲避响应"的实验。通过对实验现象的观察，以及对实验结果的分析，他们形成了完整的实验报告。在此过程中学生亲身参与，通力合作，更加深入地了解了叶绿素和叶绿体的功能，以及植物对环境的适应策略，形成了结构与功能相适应的生命观念，也发展了实验思维，提升了实验技能。这项研究结果被小组同学整理，最终荣获成都市第39届青少年科技创新大赛三等奖。

（三）具身认知视角下的综合体验活动

组织学生参观大学实验室和科研基地，通过亲身体验和团队合作，培养学生动手实践能力和团队协作精神，进一步激发他们的科技创新意识和实践创新能力。

我校组织去大学实验室参观，同学们分组参观了校史馆、华西口腔医学院等12个学院及博物馆。在学长学姐们的带领下，同学们深入学院近距离感受各种实验仪器。同学们热情高涨、积极提问，在浩瀚的学科海洋中了解、感受与体验。

2021级（7）班杨嘉怡同学说道：一整天的研学活动，日程充实丰富，我们收获满满。对于这次研学活动，我们都是满怀着无比激动的心情。四川大学和电子科技大学作为四川最知名的两所高校，是我们莘莘学子心中努力奋斗的目标，本次我们班有幸去到四川大学华西药学院和电子科技大学格拉斯哥学院参观，走进高校，那种浓厚的学术氛围充斥着我们的心灵，我们感叹着"高科技知识"的美妙之处。

除了大学的研学活动以外，我们还组织学生参观了中国—新西兰猕猴桃"一带一路"国际联合实验室，参观让学生了解了猕猴桃新品种的选育、高效栽培技术、基因库的建设以及成果转化与产业化发展。在整个活动过程中，学生高度参与、动手尝试，以身体力行的方式去追求科学真理，这正是科学家精神的具体体现。

在此基础之上，很多学生还自发参与了社区的科普宣讲活动，将自己在课堂上所学的知识应用到实际场景中，亲身体验科学原理与技术的应用，增强对理论知识的理解和记忆，从而提高学习的趣味性和实用性，激发内在的学习兴趣。

五、活动评价与反馈

通过"科学家故事我来讲""科学家科普校园行"这两个活动，学生亲身参与到科学文化传播的过程中，深入了解科学家的探索历程、科研成就以及他们面对困难时坚韧不拔的精神风貌。这一系列生动活泼的互动活动不仅激发了学生对科学的好奇心和热爱，更深层次地播下了追求真理、崇尚科学的种子，为学生提供了积极的学习榜样，有效提升了他们的学习动力和学术志向。

在融合科学家精神与自能学习能力的引领下，学生主动选取并深入挖掘科学议题，这一过程不仅是对知识的追求，更是自能学习意识与能力塑造的生动实践。探究式学习策略激励学生在自由探索的天地里独立思索，勇于开拓创新，不仅锤炼了个人的研究技巧，还促进了团队合作精神的成长。通过热烈的成果交流与展示环节，学生不仅学会了如何有效地沟通自己的发现，还锻炼了条理清晰的表达力和严密的逻辑推理能力。这一连串的实践活动，让学生在实践中学会了识别问题、解决难题，显著提升了他们学习的自发性与主导性，真正体现了自能学习模式下，个体学习动力与能力的双重飞跃。

在具身认知理论的指导下，我们还组织了学生进行大学参观、基地学习和科普宣讲等活动。这些实践活动让学生从具身认知的视角亲身体验科学的魅力，亲眼看见科学研究设施，直接对话专家学者，感受学术氛围，从而深刻理解科学知识在实际生活中的应用价值。这一过程极大地拓宽了学生的视野，使他们对未来的学习生涯有了更为清晰的认识和规划，有力地激发了他们持续学习、投身科学事业的热情与决心。

六、结论与展望

通过本次多元化的学生活动，我们以科学精神为核心，融科学教育、实践探索和体验感知于一体，充分调动了学生的学习积极性，全面提升了他们的综合素质，实现了科学精神传承与创新能力培养的有效结合，对激发学生持久的学习动力产生了深远影响，提升了学生自能学习的能力和自主发展意识。展望未来，我们将继续推广科学家精神引领下的学习动力培养策略，并进一步优化和完善相关措施，确保活动始终与时俱进，紧跟科技发展步伐。

时代呼唤青年坚定理想、努力拼搏、奋勇争先，在平凡岗位上奋斗奉献，在急难险重任务中冲锋在前，在基层一线经受磨砺，在创新创业中走在前列，在社会文明建设中引风气之先，勇做走在时代前列的奋进者、开拓者、奉献者。通过"科学家科普校园行"活动在学生们的心中播下科学的种子、点燃科学热情，激励川师附中学子向光而行！

案例2　实践中求知，探索中成长

——地理探索项目深化学生自主学习能力

　　自能学习，是指个体在没有直接外部指导的情况下，能够自我激励、自主规划学习路径、有效获取信息、批判性思考并解决问题。自能学习力对于终身学习尤为重要，尤其是在快速变化的知识经济时代。学科实践，是指在特定学术领域内，通过实践活动如实验、案例分析、项目研究等方法来深化理论知识、培养专业技能的过程。自能学习力与学科实践相辅相成，学科实践为自能学习提供丰富的应用场景和实战机会，而自能学习能力的提升又反过来促进学科实践的深入和创新，两者共同促进学习者综合能力的全面发展。

　　具身认知理论在学习能力培养中的应用是非常重要的，它认为学习过程是动态的，既强调了学习环境的重要性，又强调了学生在学习过程中的主动性、探究性、反思力和自我调整能力。地理考察类实践活动是一个很好的实践方式。它提供了具体的学习环境，让学生根据自己的兴趣和需求去探索和发现，更深入地理解地理知识，并不断地观察、实践和反思自己的学习过程，不断改进和调整自己的学习方法和策略，激发学生的学习兴趣和学习动力，提升自己的学习能力和适应能力。

一、基于项目式学习的考察类地理实践活动的概述和内涵

基于项目式学习（PBL）的地理实践活动，以学生为主体，通过让学生解决真实世界的地理问题，促进学生的主动探索和实践操作。这种教学模式不仅增强了学生对地理知识的理解，而且提升了他们的社会责任感和创新能力。

项目式PBL的考察类地理实践活动促进学生走出教室，亲历地理现象的发生地，利用实地考察、观测、记录等方式获取第一手资料，增强实践操作能力；鼓励学生发挥主观能动性，创新思考和解决问题，激发他们的创造力和独立思考能力；引导学生关注地球环境和人类活动的关系，培养他们关注和解决地理环境问题的可持续发展意识。活动中，需要学生综合运用地理知识、技能和方法，解决实际问题，实现知识与技能的迁移应用。

活动通常包含以下几个显著特征：①真实性与情境化，活动主题紧密联系现实世界的地理现象或问题，比如环境变迁、城市规划等，创设情境让学习者置身其中；②探究导向，从问题提出开始，学生通过实地考察、收集资料、整理数据、分析解读等活动环节，逐步深入探究地理问题的本质；③团队协作，学生通常组成小组共同完成项目，分工合作，共享成果，锻炼沟通协调能力和团队精神；④具身认知，学生通过实地踏查、动手测量、模拟实验等方式，将抽象的地理概念转化为具体可感的经验，促进深层次的认知理解；⑤跨学科整合，地理实践活动往往融合了其他学科知识，如数学、科学、社会学等，促进综合能力的培养；⑥评价反馈，不仅关注最终的项目成果，更重视过程中学生的学习态度、策略运用、解决问题的能力等方面的表现，并通过自我评价、同伴互评、教师点评等方式给予及时反馈和指导。

二、实践活动的组织和实施

实践活动以《中国高考评价体系》为指导，注重跨学科知识的融合与应用。通过设计与现实生活密切相关的地理项目，鼓励学生进行自主探究，发现并解决问题，实现知识与技能的迁移应用。

（一）基于项目式PBL的考察类地理实践活动的实施背景

1. 前期调查类地理实践活动的研究启示

学校前期开展了学生调查类地理实践活动研究，通过对人文地理环境的实际调查，学生在一定程度上认识了一些生产生活中的地理事物，并在调查实践的活动中，提升了学生分析问题的能力，培养了学生地理实践力和"人地协调观"。

依据问卷调查结果，我们发现学生学习地理虽然存在困难，但是仍有极大的意愿参与地理实践活动。一方面是学生自我要求主动学习，另外一方面希望有人引领和指导学生学习地理。鉴于前期成果和经验教训，教研组决定开展考察类地理实践活动，培养学生观察自然地理环境的整体性和差异性，分析和认识地理环境的特点，建立地理空间感，建立地理要素的相互联系。开展考察类地理实践活动，使学生更深层次地理解了地理知识，提升了地理核心素养，开阔了地理视野，丰富了地理视角。

2.《中国高考评价体系》的学科解读与命题指向

《中国高考评价体系》注重跨学科知识的融合与应用，强调依托情境化的试题，考查学生探究式发现问题、分析问题和解决问题的能力。考察类地理实践活动着重考核学生在地理学科方面的核心素养，包括地理实践力、综合思维、区域认知和人地协调观等。基于项目式PBL的考察类地理实践活动通过设计与现实生活密切相关的地理项目，为学生提供了一个深度学习和实践探索的平台，鼓励学生进行自主探究，发现并解决问题。通过实地考察、问题解决和项目创作，学生能够把地理理论知识与现实生活实际结合起来，提升地理实践力。

3. 学生地理学习能力提升的紧迫需求

地理是一门涉及内容十分广泛，知识跨度较大的综合性学科。既包含自然科学又包含人文科学，具有地理区域性、多学科交叉性和思维综合性的特点。不论是自然地理还是人文地理，都与我们的生产生活有着密切的联系。学生在学习地理知识的过程中，由于对日常生产生活的常见地理事物或地理现象缺乏关注和了解，所以导致缺少日常生产生活化的地理知识，同时也难以建立地理知识的空间尺度感和区域差异性，从而无法在探究地理知识过程中培养地理学科思维方法和综合分析问题的能力。这种地理知识与现实生产生活相脱离的学习环境，导致学生地理学科关键能力不全面，地理学科核心素养较低。

地理学科在高中阶段归为"文科"类学习，许多学生都认为只需要通过对地理知识死记硬背，就可以应对高考。而忽略了对地理基础知识、基本原理和方法的系统理解，无法建构知识体系和框架，导致学生在高考中综合分析解决实际生产生活中的问题的能力较弱，高考结束后，许多学生就会感叹"学的都不考，考的都没学"。最终学生学习地理的兴趣和主动性逐渐下降。传统的日常地理知识学习过程，是教师的单一讲授，学生被动接受，这既无法调动学生学习的兴趣，也很难让学生对抽象的地理知识和分析方法产生深刻的理解，学生需要经过多次反复的讲解和训练，才能慢慢领悟地理原理、运用地理方法，构建地理知识体系，形成地理学科思维。这样的地理学科学习方法，导致学生实际的动手操作能力难以得到较大提升，学生也很难将学习的理论知识，代入现实的生产生活，最终学习的理论与实际相脱离。

如何在教学中激发学生学习地理学科知识的兴趣，调动学生学习地理学科知识的主动性，提高学生在真情实景中分析地理问题、解决地理问题的能力，培养学生地理思维能力，使学生在现今的高考中"大显身手、取得佳绩"，就需要在学生学习过程中开展各种地理实践活动，培养地理实践力。

4. 考察类地理实践活动的价值与意义

（1）建立地理空间感，提升区域认知力

考察类地理实践活动，可以让学生在真实的地理情境中直观地观察和认识地理事物和地理现象，将相对抽象的地理事物和地理现象具体化、形象化，有利于建立学生地理环境的空间感、直观认识地理区域的差异性。如我们开展了"自然考察大赛"，让学生结合家庭暑期旅游，依据教师给出的要求考察旅游地点的地理环境。有学生在去新疆旅游考察的过程中，直观地感受到西北地区的自然地理环境和人文地理环境与成都存在多方面的地理差异，也发现新疆地区内部存在小区域的地理差异。学生认识到地理环境的差异性，就打开了主动探索和学习地理知识的大门，为提升地理综合能力提供了条件。

（2）调动地理学习主动性，提高地理核心素养

学生参与地理实践活动的过程中，面对现实的地理环境，探索地理知识的兴趣被激发出来，调动了学生学习地理知识的主动性。在主动探索地理知识的过程中，既充分调动了自身掌握的地理知识和方法，观察地理环境、提取地理信息、运用地理综合思维方法，分析和解释所在地理环境的地理事物和地理现象，也进一步增长了新的地理知识和方法，开拓了创新思维，并且加深了印象。如在本学期开展的地理选修"校内植物考察"活动中，学生通过对校内典型植被的观察，认识到不同气候区的植被的树叶的形态、软硬、大小的区别，并积极分组合作查阅资料，寻找不同气候特征对树叶的影响，建立气候与植被的地理联系。有些学生还利用生物知识，分析植物的树叶特征是如何与当地气候相适

应，建立多学科知识的融合。

5.考察类地理实践活动特征与项目式PBL的深度契合

考察类地理实践活动主要是在观察自然环境、思考和分析自然地理现象和找寻自然地理规律方面所开展的地理实践，并且是需要学生通过自主思考与体验来完成的活动。而项目式PBL是一套设计学习情境的学习方法，一般以某一项目来作为驱动力，自主思考与体验，最终解决问题，完成项目。二者的具体特征归纳如表5-1。

表5-1　考察类地理实践活动与项目式PBL的特征归纳

指标	考察类地理实践活动	项目式PBL
活动目标	在实践活动中，养成地理实践力，培养学生地理学科核心素养。	通过项目，培养学生核心素养。
内容主题	学生走进大自然，关注自然地理环境，通过实践探究解决自然地理环境中与人类有关的实际问题。	关注教材内容以外的知识的体验与经历，丰富学生对事物的认识。
活动流程	观察地理环境中的地理事象，通过对自然事物或现象的测量、取样、论证等，获得对人类活动与环境关系的分析评判和建议。	围绕项目，通过学习者自主学习或小组合作等方式解决问题，建构知识体系。
活动形式	以学生为主体，在真情实景中开展地理实践。	以学习者为中心，在情境学习理论支持下的实践模式。

二者都强调在真情实景下，以任务驱动，尊重学生主体地位，关注课堂内容之外的真实环境问题，通过学生的自主学习与身心体验来达成核心素养的培养。所以，这两者的特征都深度契合。结合高中生的具体实际，我们研究决定，在暑假开展"自然地理考察大赛"活动，以考察大赛这一项目作为任务驱动，引导学生开展考察类地理实践活动，在真实的自然环境下剖析现象、解决问题，培养学生地理核心素养。

（二）实践活动的具体实施

实践活动的实施分为三个阶段：前期准备、中期实施和后期成果制定。在前期准备阶段，学生通过网络、书籍等方式收集资料，了解目的地相关地理背景，并做好物质和安全准备。在中期实施阶段，学生进行实地考察，记录数据或图像，并处理考察结果，形成初步成果。在后期成果制定阶段，学生制作成果报告，进行交流和展示，并接受评价和反思。

1. 构建项目主题的校本化内容序列

《普通高中地理课程标准（2017年版2020年修订）》是由中华人民共和国教育部制定和颁发的指导高中地理教学的纲领性文件，也是高中地理教材编写、地理教学实施、地理学业质量评价、地理学业水平合格性考试和等级性考试命题与检测的依据。它体现了国家或学校为了实现相应教育阶段的学生培养目标，而确定的课程内容、课程教学方法和课程实施手段等。我们通过分析《普通高中地理课程标准（2017年版2020年修订）》，为开展考察类地理实践活动提供依据和参考。以下表格是对《普通高中地理课程标准（2017年版2020年修订）》中涉及的考察类地理实践活动的梳理与总结。

我们通过对《普通高中地理课程标准（2017年版2020年修订）》的内容要求进行梳理发现课标要求的必修课程《地理2》、选择性必修课程中《资源、环境与国家安全》、选修课程《政治地理》中适宜开展野外考察的内容几乎没有。适宜开展野外考察的内容大部分主要集中在《地理1》《自然地理基础》《地理野外实习》三册书的课标要求中。通过梳理发现课标对于考察、调查等地理实践活动非常重视。新课标在"教学提示""学业要求"中明确提出，指导学生开展地理实践活动，让学生在学习完相关模块后具备使用地理工具、观察、识别地貌、植被等自然现象等地理技能，养成地理核心素养——地理实践力。

野外考察活动不是独立于课堂教学存在的，它同课堂教学一样也是地理学习的方式之一，所以地理野外考察的开展需要考虑到课堂教学的内容、进度。有学者生动总结道："离开课堂教学的支撑，地理实践将会成为无本之木；缺少地理实践的课堂教学，将依然囿于常规的教学方法，难以实现实质性的突破和发展。"

依据课标分析，适宜开展野外考察的内容主要集中于《地理1》《自然地理基础》《地理野外实习》这三册书。但是，由于目前《地理野外实习》这本书并未公布，因此，笔者将着重分析教材《地理1》与选择性必修课《自然地理基础》所涉及的考察类地理实践活动内容。通过研究我们发现，人教版高中地理教材必修《地理1》和选择性必修课《自然地理基础》的每一章都有适宜开展野外考察的教学内容，但主要集中于地表形态塑造、植被与土壤以及自然地理环境的整体性和差异性这些内容。参考地理教材的体例编写结构以及课标的要求，我们将考察类的地理实践活动按照自然地理要素划分为地质地貌、气候、水文、土壤、植被、地球观测这几大类，并把可以开展的考察类地理实践活动进行分类总结，具体内容如表5-2。

表5-2　按要素将可开展的考察类地理实践活动分类

要素	可开展的考察类地理实践活动
地质地貌	常见岩石识别；观察平原、山地、盆地、高原、丘陵的地形特征；喀斯特地貌、雅丹地貌、丹霞地貌等特殊地貌的特征、成因考察；河流地貌、海岸地貌、冰川地貌、风蚀地貌、火山地貌考察。
气候	考察某一气候类型的气温、降水特征；风向、风力测量；观察昼夜长短变化规律；不同地形地貌的局部气候特征（山谷风、海陆风、焚风效应、热岛效应、雨岛效应等）。
水文	河流水文、水系特征测量；河流污染考察。
土壤	土壤剖面观察；识别常见土壤类型；土壤采样。
植被	认识不同气候类型区的典型植被；植被标本采集；植被的经度地带性、纬度地带性分布特征；山地垂直带谱。
地球观测	观察星空、月相；观察太阳视运动；观察太阳活动造成的地理现象；观察地球自转、公转造成的地理现象。

高考评价体系就是教学的风向标，高考试题就是最直观的评价体系运用示例。我们把近12年高考内容中涉及自然考察的试题按照主题要素、情境与考查内容进行归类与分析，发现涉及考察类地理实践活动的试题的主题主要集中在水、地貌与自然环境的整体性与差异性上。高考试题考查的形式都以真实具体的情境展开。考查的能力要求非常注重概念的掌握与过程性的模拟与理解。因此，我们倡导学生走出去，关注身边的地理事象，开阔眼界，将所学的地理知识运用于生活实践，并在生活实践中学习。我们倡导学生立足真情实景，发现问题、分析问题与解决问题，提升地理学科核心素养和关键能力。

依据高考试题情境、课标的分析与教材的解读，我们确定构建以基本自然地理要素"地形地貌""气候与天气""水文水系""土壤""植被"为核心主题的自然地理考察大赛。我们参考考察类地理实践活动的综合性以及观测类地理实践活动的特点，另外补充选取海绵城市与地理观测两个主题，最终确定七个完整的主题。我们结合高考题的试题考查方式与学生认知特点，最终确定每一主题的具体内容要求，具体见表5-3。

表5-3　校本化内容序列主题及内容要求

主题	内容要求
主题一 地形地貌	地貌识别，绘制地形素描图（景观图）或等高线地形图（示意图）描述地貌特征，并查阅资料了解其地貌形成过程，分析其对区域发展的影响，并尝试为该区域因地制宜发展经济建言献策。
主题二 气候与天气	根据天气预报记录当地连续15天的天气情况（气温和降水状况），自制简易工具测定风向和风力大小，结合时事新闻、查阅资料，分析天气或气候对生产、生活的影响。
主题三 水文水系	查阅资料，了解某条河流的特征，并调查该河流水质状况与该区域的水资源状况，并提出应对措施与解决问题的建议。

主题	内容要求
主题四 土壤	识别常见土壤，观察土壤剖面，比较不同地点土壤结构的差异，思考结构差异产生的原因，并思考不同土壤对农业生产影响的差异。
主题五 植被	了解某个区域的植被状况（数量、长势等），对比分析不同地区植被的特征，并分析不同地点植被长势的差异与自然环境的关系。
主题六 海绵城市	近年来，城市内涝时有发生，严重影响人们的生产与生活。查阅资料和实地调查城市排水管网系统和地面硬化情况，分析如何解决"城市看海"（如美国的雨水花园等）。
主题七 地理观测	连续观测并记录一个月的月相变化［观测时间（农历）、相应观测月亮的位置、月相形状、月面朝向等］，梳理其规律；观察并记录一天太阳视运动的轨迹，并记录每日隔时日影的方位与长度的变化（旗杆、房屋等）。

2. 建构基于项目式学习的考察类地理实践活动的实施模型

项目式学习是基于选择特定意义的项目进行学习的方式，以学生为主体，在学生已有认知基础上，教师在项目式学习中扮演信息资料的提供者、项目开展的建议者和指导者的角色的一种教学模式。

项目式学习区别于传统教学模式，教师不再单纯讲授前人总结的经验规律，而是让学生围绕特定的项目，在真情实景中通过收集资料、展开调查、进行实验等，主动建构知识体系。开展项目式学习的流程主要包括指导学生围绕项目主题设计一系列有挑战性的探究任务，制订探究计划，综合运用所学知识与技能解决问题，将学习成果予以表达、交流和展示，并最终对学习活动进行评价和反思，其具体实施模型如图5-1所示：

第五章　具身视域下的自能学习

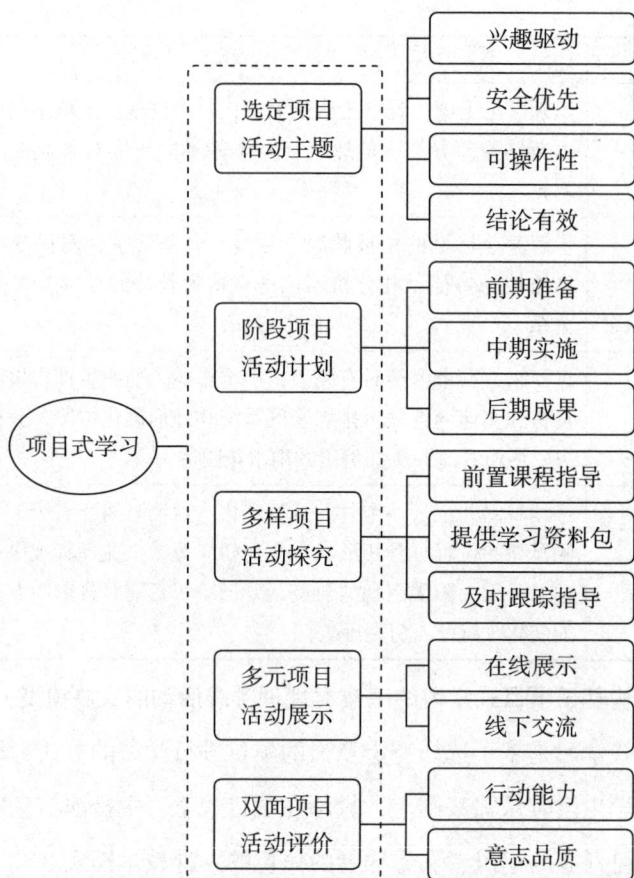

图5-1　地理实践活动实施模型

3. 制定阶段性项目活动计划

本次项目式学习以自然地理考察大赛作品为载体，通过选定考察主题、明确考察任务、制定考察计划、实施考察活动和交流考察成果，使学生将课本中习得的知识与生活实际相联系，运用地理原理和方法解决现实问题，并让学生在野外实践考察活动中不断获得新体验，收获新知识。在考察活动前期，教研团队为学生提供了多样化的活动探究指导，帮助学生熟悉野外考察活动流程，积累考察经验。通过前置课程，教研团队指导学生根据项目式学习实践活动的实施模型，将项目式学习的实施分为三个步骤：项目前期准备阶段、项目中期实施阶段、项目后期成果制定阶段，并制定出野外考察活动计划。具体计划如表5-4所示。

表5-4　野外考察活动计划表

项目 实施阶段	项目 操作流程	可实施的实践活动举例	设计意图
项目前期 准备阶段	确立 学习主题	选定操作性强、符合自己兴趣的主题进行实践探索。	通过前期问题的提出、资料的准备、活动安排以及对结果的预设，可提升项目活动探究成功的可行性。
	学习预设	1. 学习的内容； 2. 活动时间安排及步骤； 3. 预设学习的最终可能结果。	
	信息收集 与查询	1. 通过网络、书籍等方式收集学习主题的相关资料，了解目的地的相关地理背景； 2. 储备可能用到的地理知识和方法。	
	物品准备	准备好地理测量仪、相机、记录本等。	
	安全准备	1. 提前规划时间、线路和交通方式，查询天气状况； 2. 预设可能出现的安全问题及应对方案； 3. 购买出行意外保险。	
项目中期 实施阶段	实践操作	1. 实地考察； 2. 实践记录（数据或图像）； 3. 考察结果处理，形成成果。	实地考察地理事实，在现实情景中促进学生的成长。
项目后期 成果制定 阶段	成果交流、展示	1. 制作成果（文字考察报告、图文海报、实物成果）； 2. 成果展示（线上公众号、线下校园展板、开放日等活动展示）； 3. 成果交流（班级交流、校内交流、校外交流）。	成果制作、交流、评价。评价是对学生思维的再现，利于学生进一步思考与探究；反思利于下一次项目式学习的改进。
	项目评价	1. 过程性评价与总结性评价相结合； 2. 自评、互评、师评、专家评审。	
	项目反思 与改进	过程性反思和总结性反思，提出改进措施。	

4. 开展多样化的活动实施指导

（1）前置课程指导，积累经验示范

为了让学生熟悉野外考察的流程和方法，积累地理考察的经验，研究团队利用每周三下午校本课程时间，以"校园植被调查"为项目主题设置前置课程，帮助学生了解野外考察的方法、流程及成果制作。具体活动开展如下：

a. 选定项目主题，明晰考察任务。出于校本课程课时限制及安全考虑，结合学生生活的环境及活动的可操作性，最终选定主题——室外识别校园主要植被。通过校园实地调查植被特征，关注校园植被生长情况，分析植被与自然地理环境的关系。

b. 制订项目计划。当学生获得教师提出的问题或任务时，需要对问题进行拆分，提炼出需要考察的关键问题或任务。然后根据小组讨论，构思考察的实施方案，设计出详细的考察目标、实践安排和任务分配。表5-5为学生设计的"校园植被"考察活动计划表。

表5-5 "校园植被"考察活动表

活动准备	1. 明确考察任务，合理进行组内分工。 2. 下载植物识别软件或者植物图鉴，掌握植物的基本识别方法及内容。 3. 确定考察主要内容，绘制考察登记表，记录考察过程。
活动实施	1. 确定行进路线及各项注意事项。 2. 实地观察并按要求做好记录。
活动总结	1. 整理校园植被的调查信息，将数据汇总。 2. 将植物分类，进行统计分析。 3. 查询校园所在区域的自然环境特征及对照植被生长习性，分析不同植被长势情况。

c. 实施项目计划，实地考察探究。学生通过小组协作，分工进行考察。部分同学进行现场调查，记录植被类型、数量和长势情况；部分同学对校园主要植被类型进行资料搜索，搜集树种的生长习性；还有的同

学对本地的气候资料、土壤情况进行收集，最后汇总资料，对校园植被进行分析，得出结论。

d. 制作多样考察成果，进行交流。在成果制作过程中，教师列举多样化的成果展示形式，启发学生多层次、多维度思考问题，多样化表达考察成果。如有的同学对校园绿化建设中是否可大面积采用热带树种进行探究，并撰写了可行性报告，在班级作展示；有的同学对校园绿荫道旁梧桐树的生长习性进行研究，讨论了其在校园绿化中的作用，并以海报的形式进行展示。

（2）制定考察指南，提供学习资料包

作为项目式学习活动的指导者与建议者，教研团队为学生精心挑选七大考察主题，供学生自主选择。为了帮助学生明晰考察任务，制订考察计划，实施考察活动，教研团队为本次地理考察大赛制定了《自然地理考察大赛指南》。本指南明确了本次考察活动的主题、安排、成果交流方式及注意事项。同时，教研团队利用百度网盘为学生提供线上学习资料包，指导学生进行野外考察。本次自然地理考察大赛，教研团队提供的线上学习资料为优秀野外考察案例——阿斯哈图石林园区地理野外考察案例。案例为学生完整展示了野外考察活动的步骤和过程，利于学生在考察活动实施过程中借鉴和参考。

（3）提供信息渠道，及时跟踪指导

学生获取自然地理考察信息的渠道相对单一，教师可适当提供地理信息获取的渠道。在考察活动中需获取人文经济要素信息，教师引导学生通过各行业部门的综合信息、年度报告、图表、统计数据、年鉴等方式获取。在考察活动中需获取自然地理信息，教师引导学生通过气象局、地质测绘局、水利部门、国土资源局等官方网站获取；还可引导学生通过地方志、国家地理等专业书籍获取。同时，为了学生在考察活动中及时获得指导与帮助，教研团队专门建立了"自然地理考察大赛"QQ群，随时在线为学生答疑解惑，提供指导性意见。

5. 开展多元化的成果交流

成果交流具有交流信息、开阔视野、完善改进的作用，成果交流的最终目的是使学生能够将考察的过程和考察结果进行复盘，通过分享交流活动过程中的收获与问题，促进学生的思想和知识进行重构，从而收获新的东西。该次野外考察活动成果的交流方式包括线上展示和线下交流两部分。

线上展示是在校园公众号和抖音等新型传播媒介进行展示。展示原因是：一是可以对其他考察活动提供借鉴；二起到汇报、展示作用。

线下交流包括班级交流展示和校园交流展示。班级交流展示是进行口头汇报和书面汇报组合的形式。学生通过交流展示并介绍自己的作品，及相互交流活动过程中的收获和所遇到的问题，充分锻炼学生的表达能力和协作能力。校园展示是将优秀作品在校园中以展板的形式呈现，不仅提高学生参与的积极性，还大大提升了展出作品作者的自信心，使学生在实践过程中感知学习的紧张、挑战和成就。

6. 运用双维多层的项目活动评价

项目评价是检验本次项目式活动的目标达成度和学生收获度，是对活动效果进行评价、总结。评价的形式、主题、内容和方法均是多元的。选择合适的评价方法利于诊断本次实践活动效果、对活动最终结果起着导向作用，对学生学习也起到激励作用。本次评价的目的是依据野外考察活动对学生地理实践力的培养效果进行评价，包括对学生在考察过程中的表现、考察后形成的成果和展示交流效果进行评价。根据《普通高中地理课程标准（2017年版）》对地理实践力概念和表现的解读，地理实践力主要包括意志品质和行动能力两方面。因此本次考察评价点主要包括意志品质和行动能力这两个维度，并且分解了这两个维度中不同层级的表现，具体分解指标如表5-6。

表5-6 考察类地理实践力评价表（1）

意志品质 评价 A	水平1 （30%）	水平2 （60%）	水平3 （80%）	水平4 （100%）	得分
1 情感态度 （10分）	1-1缺乏兴趣，只是为了完成相关任务，为了完成而完成。	1-2有一定兴趣，能够积极地完成任务，具有一定的主动性。	1-3比较积极完成相关任务，具有强烈相关兴趣，主动完成相关考察。	1-4非常积极，具有强烈的兴趣和信心，用发现的眼光并试图创造性地完成相关任务。	
2 安全意识 （10分）	2-1不具备安全意识，觉得安全不重要，没有采取任何安全防范措施，对于临时突发的安全问题缺乏应对措施。	2-2有一定安全意识，能够采取部分安全防范措施，能够应对一定程度的突发安全问题。	2-3具有强烈的安全意识，能够采取各个方面的安全防范措施，能够灵活地应对突发安全问题。	2-4不仅具备个体安全意识，而且能够考虑团队安全，并采取尽可能充分的安全防范措施，能够较好地预见和应对突发安全问题。	
3 科学品质 （10分）	3-1不具备现代科学的明确意识，不能从科学的角度考察发现现象和问题，缺乏求真求实的精神意识。	3-2具备一定的科学素养，能观察和发现现象问题，具备从科学的角度求真求实的科学意识。	3-3严格按照所学知识，遵循科学探究的路径，符合科学思维，具备一定探究度的科学究实意识。	3-4具备广阔而严谨的科学视野，严格遵循科学考察的路径、思维和方法，能够遵循科学思维路径创造性地解释新现象，解决新问题。	
4 持久稳定 （10分）	4-1一时兴起，缺乏持续探究的心理品质，完成任务后即没有任何兴趣。	4-2能够保持一段时间的兴致，在任务完成前的状态稳定，具备积极的状态，对所感兴趣的现象和问题保持持续的关注和观察，能够完整地完成活动。	4-3具备比较稳定的心理品质，能够主动完成考察前、考察中、考察后的相关事宜，在问题完成后尚有探究的心理期望。	4-4具备稳定的心理品质，考察前能够主动完成考察前、考察后的相关事宜，并能将这种心理品质延伸应用到学习工作之中。	

表5-7 考察类地理实践力评价表（2）

行动能力 指标B	水平1 （30%）	水平2 （60%）	水平3 （80%）	水平4 （100%）	得分
1.考察前期准备 （20分）	1-1实践考察目的不太明确，设计的考察线路不太合理，相关设备、安全设施准备不充分，没有进行明确的考察分工，相关的考察计划较为简略。	1-2具备明确的实践考察目的，设计好考察线路，准备好相关设备、安全设施，协调好考察团队成员，拟定好相关的考察计划。	1-3具备科学明确的实践考察目的，设计好考察线路，准备好相关设备、安全设施，协调好考察团队成员，拟定好相关的考察计划。	1-4具备科学、明确、完整、符合实际的实践考察目的，设计最佳考察线路，准备好相关设备、安全设施，协调好考察团队成员，清楚各自分工，拟定好详细的考察计划。	
2.考察过程记录 （20分）	2-1考察过程粗略，考察重点不突出，相关地理现象的记录形式单一只是按部就班地完成规定任务。	2-2基本完成考察记录，考察重点不够突出，考察记录如同流水账，摄影记录图片，文字描述相关地理现象，能够运用教材知识解释所见地理现象。	2-3完整记录考察过程，突出考察重点，能够用地理要素描、摄影、摄像、文字描述，图表记录相宜地制宜的形式相关地理现象，并能运用教材知识和搜索资料解释所见的地理现象。	2-4完整记录考察过程，突出考察重点，能够用地理要素描、摄影、摄像、文字描述，图表记录相宜地制宜的形式运用多种相关教材地理现象知识，灵活运用教材知识和搜索资料，并能发现和探究的眼光解释所见的地理现象。	
3.考察成果制作 （20分）	3-1题文不当，条理不清晰，有科学性错误，逻辑混乱，内容粗糙，制作凌乱的成果作品。	3-2标题恰当，条理不够清晰，科学严谨度不高，识性错误，逻辑较清晰，内容一般，制作一般的成果作品。	3-3标题恰当，条理清晰，科学严谨，逻辑严密，内容翔实，制作精美的成果作品。	3-4标题恰当，条理清晰，科学严谨，逻辑严密，内容翔实，制作精美，并有创新性的成果作品。	
合计：					

三、实践活动的成果与反思

本次基于学生地理实践力培养的考察类地理实践活动研究采用的是项目式学习的实施与研究方式，并主要以自然考察大赛的形式来完成。在自然考察大赛开始前，教研团队将校本选修课程——《校园植被地图》作为一个前置性的课程指导，在激发学生自然地理考察兴趣，指引学生进行项目研究的同时，也为后续自然地理考察大赛的开展提供了设计经验和实施基础。

在自然考察大赛的开展过程中，教研团队采用反复研讨设计完成的项目式学习实施模型进行指导和实施。考察活动开始前，学生能在更快的时间选定好自己感兴趣又具有操作性的主题，理解项目主题的内容核心要求，并且科学地、有计划地实施考察项目活动。

活动开始过程中，在多种方式的指引下，教师与学生不仅学到了更多的学习与研究地理问题的方式，对于项目活动的开展也有了更深的理解。考察活动完成后，学生制作项目成果，评价项目研究，复盘整个项目活动的实施与思考，通过反思获得提升，培养了学生地理学科核心素养。

在自然地理考察大赛结束后，教研团队通过多种方式的推广与宣传，如抖音、微信等多媒体或现场交流等方式，把以项目式学习为主要指导和实施方式的自然地理考察大赛价值发挥到最大，来吸引更多的学生以及同行。

通过实践活动，学生不仅提升了收集和整理地理信息的能力，还锻炼了设计地理活动和沟通交流的能力。他们在实践中体验到了地理知识的实际应用，增强了对大自然的热爱和保护意识。

四、结论与展望

本次基于具身认知理论的高中地理考察类实践活动取得了显著的效果，不仅提升了学生的学习能力和综合素质，还改进了教学效果。这充分证明了具身认知理论在高中生学习能力培养中的重要作用和价值。未来，我们将继续探索和实践基于具身认知理论的学习模式，为高中学生的全面发展提供更加有力的支持。

案例3 笃志前行，顶峰相见

——高中生毅力培养与自我发展实践案例

2017年教育部印发的《中小学综合实践活动课程指导纲要》对跨学科实践性课程提出了明确要求：为全面贯彻党的教育方针，坚持教育与生产劳动、社会实践相结合，引导学生深入理解和践行社会主义核心价值观，充分发挥中小学综合实践活动课程在立德树人中的重要作用，从学生的真实生活和发展需要出发，从生活情境中发现问题，转化为活动主题，通过探究、服务、制作、体验等方式，培养学生综合素质的跨学科实践性课程。为了实现学生的全面发展，我校结合基于具身认知理论的"四自"德育体系，致力于在实践中构建学生的美好德行。

在快速变化的知识经济时代，自能学习力的培养对于学生的终身学习至关重要。在当前教育改革的大背景下，培养学生的毅力品质和自我发展能力显得尤为重要。本案例通过"笃志前行，顶峰相见"系列综合实践活动，展示了如何将"四自"教育理念中的"自能学习"和"自强发展"融入高中生的教育过程中，以提升学生的自我效能感和面对挑战时的坚忍毅力。

一、活动概述与内涵

国务院办公厅印发的《关于新时代推进普通高中育人方式改革的指导意见》明确指出：我国的普通高中"已经进入到以内涵发展、提高质量为重点的发展新阶段"，面临着新的形势和要求。要顺应这些新形势，满足发展的新要求，需要不断创新育人方式。育人方式，是以立德树人为核心任务的学校整体实践框架与策略等的总称。创新育人方式，是以未来社会对人才类型和人才质量的新需求，定位学校的育人目标与战略发展方向，以此建构新的育人框架和实践措施，推进创新型人才培养的育人实践改革。

本系列活动以具身认知理论为基础，通过实践活动促进学生的全面发展。活动旨在帮助学生在高考备考这一关键时期，不仅要关注成绩，更要在过程中实现自我成长，培养坚定的意志和毅力。高中具身德育综合实践活动是将学生道德教育与实践活动紧密结合的德育模式，旨在通过亲身参与和体验，促进学生德智体美劳全面发展，打破教室学习阈限，让学生在真实场景中学习、领悟、践行，突出在"做中学""学中悟""悟中行"的活动效能。

高三年级作为高中育人的关键时期，高考是人生一站，全身心投入备考的高三学生也不应把成绩作为此阶段唯一的追求，而是在这段独特的经历中收获成长。本系列活动以具身认知理论为基础，通过实践活动促进学生的全面发展。

二、活动的组织与实施

（一）活动研发背景

1. 培养高中生毅力是现实学情的要求

当前高中教育面临的挑战之一是学生毅力的缺失。为此，本活动通过具身认知的方式，让学生在实践中体验、感悟并最终内化毅力品质。

（1）产生畏难情绪，习惯性放弃

一些学生在学习过程中遇到困难时，容易产生畏难情绪，倾向于选择逃避或放弃，而非持之以恒地去解决问题。比如，在面对复杂的学科知识或长期复习备考的压力时，他们可能因为短期看不到明显的进步而失去坚持下去的决心。

（2）生活安逸，缺乏培育毅力的场域

随着物质生活水平的提高和科技的便捷化，部分高中生生活过于安逸，缺乏锻炼意志力的机会。他们习惯于即时满足，对于需要长时间付出努力才能看到成果的事情，往往缺乏足够的耐心和毅力。

（3）关注分数，忽视个人品质培养

当前教育评价体系过于注重分数排名，使得一部分学生只关注眼前的成绩，而忽视了培养个人品质与毅力的重要性。一旦遭遇挫折或成绩下滑，他们的自信心和毅力便可能遭受严重打击。

因此，如何引导并帮助高中生树立正确的人生观、价值观，理解并认识到毅力在人生成长过程中的重要性，培养他们在困难面前坚持不懈的精神，是我们教育工作者和家长亟待解决的重要课题。同时，构建更加科学合理的教育评价体系，倡导学生全面发展，鼓励学生在挫折中磨砺毅力，也是当前教育改革的一大方向。

2. 培养高中生毅力是学生成长的要求

（1）学业学习需要毅力

对于繁重的高中课程而言，扎实掌握知识需要时间的累积和反复练习，没有毅力的学生容易在遇到困难时选择放弃，而具有坚忍毅力的学生则能够持续钻研，逐步突破学习瓶颈，从而在学术上取得显著进步。毅力也有助于培养良好的学习习惯和自主学习能力。具备毅力的学生会主动寻找解决问题的方法，不断完善自身的知识体系，从而适应日益激烈的竞争环境。

（2）健全个人需要毅力

高中阶段正是学生形成独立人格的关键时期。通过锤炼毅力，他们将学会在压力下保持冷静，在挫折面前勇往直前，这种品质对他们步入社会后的工作生活同样具有深远的影响。

（3）未来发展需要毅力

拥有坚强毅力的高中生在未来的人生道路上更有可能实现自己的目标，因为他们懂得坚持的价值，明白成功往往源自无数次的失败尝试和不断的努力。因此，强化高中生的学习毅力教育，是为他们的未来发展奠定坚实基础的重要一环。

3. 培养高中生毅力有重要现实意义

具身认知理论强调身体体验与认知过程的紧密联系，对于培养高中生的毅力具有积极而深远的影响。

在学习过程中，学生通过亲身实践、体悟和感受，将抽象的知识转化为具体的身心体验，这有助于他们对困难有更深刻的理解，从而激发内在的持久力。

具体来说，当学生在实践中遇到挫折时，具身认知促使他们以实际行动应对挑战，这种身体上的坚持可以强化大脑对毅力的认知，形成"行动—反馈—调整—再行动"的良性循环。比如，在体育锻炼、科学实验或解决复杂问题的过程中，不断尝试、反复修正，他们的毅力就会在每一次的身体劳作和心智磨砺中得到锻炼和提升。具身认知还能够帮助学生建立自信，认识到毅力并非天生固有，而是可以通过不断努力和积累获得的能力。

因此，将具身认知理念融入教育实践，不仅能够有效提升学生的毅力品质，还能促进他们在面对未来生活中的种种挑战时，具备坚韧不拔的精神风貌和持之以恒的决心。

（二）活动实施意义

高三学段是一个集知识积累、技能锻炼、心理素质培养、个人规划于一体的综合性学习阶段，对学生的学业成就和个人成长具有决定性的影响。随着学生知识深度和广度的提升，要求对学生的综合能力进行全面培养。整个学段以复习与备考为主，对学生自主学习要求高，学生心理压力增大、紧张情绪较重。

鉴于以上情况，以高三学段为例，活动序列化设计包括零诊动员、逸夫楼入驻仪式、一诊动员和百日誓师等环节。每个环节都旨在解决学生在特定阶段面临的问题，并通过具身体验促进学生的自我认知和毅力培养。

三、活动具体实施

（一）零诊动员大会

通过年级大会，优秀学生代表分享自己的学习经验和心路历程，激发学生的内在动力和自我效能感。活动强调目标导向性、学习态度与价值观、心理调适与情绪管理。

（二）逸夫楼入驻仪式

作为高三学生身份转换的重要环节，逸夫楼入驻仪式活动通过让学生深度地亲身参与，学生在新环境中快速适应并建立起团队凝聚力和责任感。

（三）"一诊"动员与百日誓师

通过文理科优秀学生代表的发言和教师的鼓励活动，旨在坚定学生的目标，培养问题解决能力，并通过团队互助激励，提升学生的自我效能感和抗挫能力。

将高三学段高中生毅力品质的培养综合实践活动序列化设计为：零诊动员——逸夫楼入驻仪式——"一诊"动员——百日誓师。

表5-8 活动情况

活动时间	2023年6月14日	2023年7月9日	2023年12月4日	2024年2月28日
活动主题	"零"门一脚，共赴荣耀	告别分水岭，昂首进高三	"一"鼓作气，"诊"齐前行	奋斗不止，大展鸿志
学生毅力存在的阶段问题	1. 目标缺失； 2. 学习态度不端正； 3. 缺乏情绪管控。	1. 角色意识淡漠； 2. 目标和未来规划不清； 3. 毅力缺失。	1. 焦虑和压力过大； 2. 学习疲劳和动力下降，自我效能感差； 3. 情绪波动大； 4. 目标稳定性不足。	1. 紧迫感加重； 2. 情绪波动； 3. 持恒力和耐力不足； 4. 目标缺失； 5. 身体和精神状态不佳； 6. 学习方法不够科学。
活动目的	1. 明确后期复习的方向，制定科学的计划，树立迎战"零诊"的信心和必胜的信念； 2. 树立高三意识，逐渐转换身份，明确高三应有的节奏和状态，有底气、有信心地迎接高三的到来。	1. 进行角色转换的宣告，进入高三关键期； 2. 明确责任和确立目标以及规划未来。 3. 建立团队凝聚力； 4. 加强家校合力。	1. 坚定目标； 2. 培养问题解决能力； 3. 团队互助激励； 4. 持恒学习力和抗挫能力的培养。	1. 凝聚班级力量； 2. 磨砺迎考意志，锻炼健康体魄； 3. 体验奋斗艰辛，享受成功快乐； 4. 坚定拼搏决心，增强冲刺信心。
提升毅力的主要方面	目标导向性；学习态度与价值观；心理调适与情绪管理。	目标导向性；学习态度与价值观。	目标坚持度；情绪管理；自我效能提升；动力增强。	目标坚持与计划执行；学习效能提高；持恒力和耐力提升；身心状态调整；情绪控制。

活动方式	年级大会（全体师生）励志视频和励志报告； 体验性场景。	逸夫楼入驻仪式（全体师生和全体家长）； 体验性场景。	文理科优秀学生代表发言； 各备课组老师鼓励祝福； 体验性场景。	攀登金龙长城，师生同行，其利断金； 体验性场景。
具身关键环节	倾听励志报告； 倾听—思考—体悟。	踏上成功路； 走进逸夫楼； 参与—共鸣—实践。	师生交流互动； 交流—认同—践行。	攀登长城； 体验—决心—行动。

三、活动成果与反思

具身认知强调学生身体参与、情感体验和外界互动。系列具身综合实践活动，通过创设体验性场域，促进学生理解、思考、感悟、行动，利用学生和学生之间，学生和老师之间，形成相互认同、互为主体、立体全方位、动态的学习认知模态。

人的认知过程不仅涉及大脑的思维活动，还与身体动作和情感体验密切相关。通过系列具身综合实践活动，学生的毅力品质得到了显著提升。学生在活动中体验到了道德行为带来的身体和情感反应，更加深刻地理解和内化了德育的主要内容。

（一）"零诊"动员大会——真实的表达思考，培养毅力品质

"零诊"是学生步入高三的第一次重大考试，面对未知与迷茫，同伴的亲身体验与经验往往有独一无二的参考价值。因此，这次活动以学生为主体，让学生深度参与活动的筹备与核心环节，通过学生自主的交流与分享解决情绪与态度的问题，坚定目标。

作为代表发言的文理科优秀学生自主撰写发言稿与制作PPT，并以饱满的状态分享自己的经验，充分发挥自主性，切身梳理反思自己的经历，从中总结出生成性结论。不同于传统的单向灌输，学生自我反省所

得的真实感受更可能内化为他们的认知，让他们深切地感受到毅力品质在成长过程中的重要作用，强化意志品质，从而在今后的学习中更乐于复现正面的积极情绪，不断坚持努力。

对于在场的其他学生来说，代表学生的言传身教不仅是通过"告知"的方式让他们被动接受，而且生动的案例和与自己生活息息相关的细节让他们更加深切感受到成功的甜蜜和努力的艰辛，优秀榜样的精神也使他们增强了信心，使他们逐渐学会如何克服困难，迎接挑战，提升自我。有身边的真实经历作为参照，学生不再对困难望而却步，而是勇敢地面对并寻找解决的方法，深刻理解成功的秘诀在于努力和坚持，从而达到熏陶渐染、立己达人的育人目标。

（二）逸夫楼入住仪式——深度的亲身参与，培养毅力品质

入驻高三专属的逸夫楼不仅仅是一次普通的搬楼仪式，更是学生身份转换认知转变的重要环节。学生对自己身份的定位会影响他们的自我认知，对周围环境的感知会影响他们的意识建构，进而影响其行为和决策。逸夫楼入驻仪式让每个学生充分感知到环境的变化，通过亲身体验与感知培养毅力品质。

在前往逸夫楼的过程中，学生经过红毯从熟悉的教室进入全新的教学楼，前进的过程为他们提供了充分感受环境变化的机会。面对新环境，学生意识到这不仅仅是地理位置的变化，更意味着新生活和新的挑战，需要自己尽快适应和克服各种困难。作为新高三的学生，很多学生坦言正式走进逸夫楼才感觉最后的决战已经开始，面对未来的机遇与困难，自己也要振作精神，全力奔赴梦想。

同时，各班也依据每位学生的实际情况开展了个性化的丰富活动，家长们也陪伴在孩子身边，每间教室都经过了用心的布置，学生在与新环境的互动中不会因全然的陌生感而不安，有助于心态的平稳过渡。很多家长也给孩子精心准备了礼物和真心的信件，老师也全程陪伴在学生们身边。每一个学生的情绪都得到了充分的关照，亲身深度参与仪式全程让他们获得了充分的成就感与被认同感，使他们更有信心地面对全新身份的转变。在具身的场域下，让学生在参与—共鸣—实践的过程中，身心做好准备，在随后的高三生活中有目标、有信念、有毅力、有行动地进行高三的学习和生活。

（三）"一诊"动员大会——真诚的师生互动，培养毅力品质

在学生学习的过程中，全体老师作为陪伴者，他们的言行举止、教学方式和关怀决策对学生的毅力培养有着潜移默化且至关重要的作用。"一诊"动员大会前夕，学生经过长时间的高强度学习，出现疲惫不堪、压力过大等问题，导致他们的自我效能感下降，动机不足。为了唤醒学生的毅力品质，"一诊"动员大会在生生交流的基础上更加聚焦师生关系，通过真诚的师生互动给予学生情感激励，助力他们继续努力。

教师的陪伴与祝福可以为学生提供稳定的情感支持和引导，在学生心中教师往往作为相对权威的角色出现，学生的向师性也意味着他们会不自觉地受到教师行为的影响，更乐于相信教师的言论。行为本身就是一种无声的语言，教师的行为动作也可以是一种激励，并且这种激励是在潜移默化中影响着学生的，有时甚至比那些有目的的激励学生的行为作用更大。[①]

在动员大会中，全体高三老师用心筹备，结合各学科特色，通过丰富有趣的方式为学生打气，并为学生提供长期陪伴的安全感。同时，教师认真的态度、亲切的语言也为学生提供了生动的真实体验，他们的关怀和支持、日常的教学方法和榜样作用都对学生的毅力品质产生了深远影响，很多学生也看见了老师可爱活泼的另一面，师生间建立更加牢

---

① 经秋华.教师行为对学生学习毅力的影响［J］.教师，2016（4）：53.

固的信任关系。通过教师榜样示范，学生在具身场域下习得勇敢面对、智慧解决的问题，让学生在交流—认同—践行的过程中，实现意志力提升。

（四）攀登金龙长城——户外的极限挑战，培养毅力品质

百日誓师之时的活动不再像往常一样设立在校内，教师们带领学生走出校园，在身体力行地攀登长城中提升毅力品质。攀登长城是一种强调身体深度参与的体验式活动，是具身认知理论在德育中的生动体现。攀登运动要求学生在过程中以坚定的信念面对艰难险阻，通过亲身感受经过努力坚持到达山顶的喜悦，学生能从活动中获取正向反馈，迁移到后续的学习生活中。

攀登金龙长城前，学生在团建活动中合作完成任务，激发了他们的责任感和归属感，使他们更加珍惜团队的力量，以顽强的毅力共同克服挑战。在后续登山活动中，学生面对实际的困难和挑战，他们需要攀爬陡峭的阶梯，也需要和伙伴相互扶持共同前进。攀登过程中学生不断克服疲惫、恐惧等负面情绪，以坚定的决心和毅力奔赴山顶。这种身心合一的体验，有助于学生深刻理解和内化毅力的价值，从而在日常生活中坚定地追求目标。同时，户外运动也能让学生置身大自然，亲身体验自然之美，在与自然的和谐统一中调整心态，在身体力行中锻炼健康的体魄，享受成功的快乐，坚定拼搏的决心。

通过艰苦卓绝到达山顶的攀登过程，学生的精神面貌焕然一新，表现出"不畏艰险、顽强拼搏、团结协作、勇攀高峰"的登山精神[①]。他们的毅力品质得到充分的彰显与进一步培养，更加深切地感受到坚韧不拔、勇往直前精神的重要性，学会团队合作和户外生存技能，从而为未

---

① 陈晨. 中国登山精神研究［D］. 武汉：中国地质大学，2023.

来的学习生活奠定更坚实的基础。

四、"笃志前行，顶峰相见"系列具身综合实践活动材料

【实践活动一】"零"门一脚　共赴荣耀——川师附中高2021级"零诊"动员大会活动

图5-2　"零门一脚　共赴荣耀"活动剪影（一）

环节1：观看对川师附中准高三学子的采访视频

环节2：观看各备课组组长对学生的亲切嘱托

环节3：理科文科的优秀学生分享心得

环节4：胡书记的祝福

图5-3　"零门一脚　共赴荣耀"活动剪影（二）

环节5：各班同学宣发誓言口号

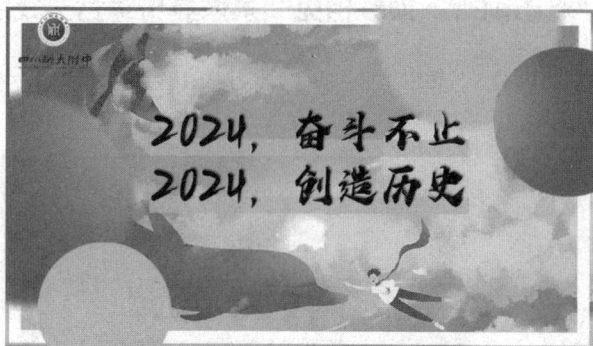

图5-4 "零门一脚 共赴荣耀"活动剪影（三）

【实践活动二】"一诊"动员

活动主题："一"鼓作气 "诊"齐前行

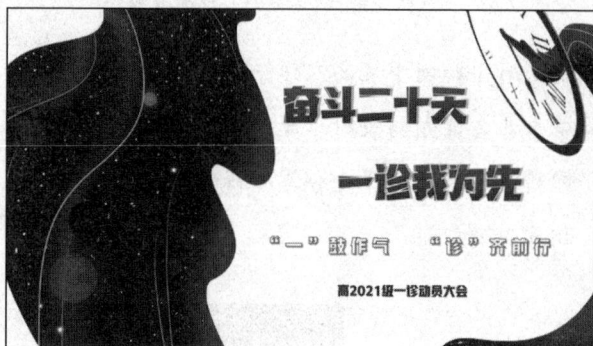

图5-5 "一鼓作气 诊齐前行"剪影（一）

参与人员：高2024届全年级学生、高考学科所有教师及学校领导

环节1：文理科优秀学生代表发言（每人5~6分钟，共计约12分钟）

主题：榜样力量，携手向前

发言人：理科高三（6）班李劲峰

文科高三（11）班刘宇虹

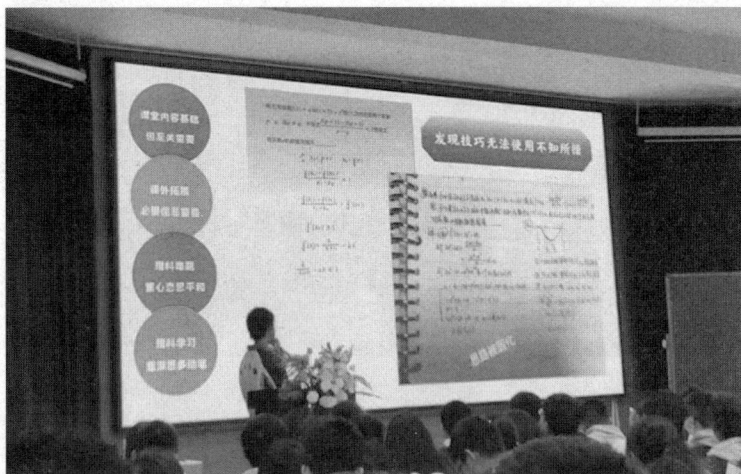

图5-6 "一鼓作气 诊齐前行"剪影(二)

环节2：各备课组老师鼓励祝福（10分钟）

主题：杏坛暖光，伴我同行

参与人员：各备课组老师、胡昳书记

图5-7 "一鼓作气 诊齐前行"剪影(三)

图5-8 "一鼓作气 诊齐前行"剪影（四）

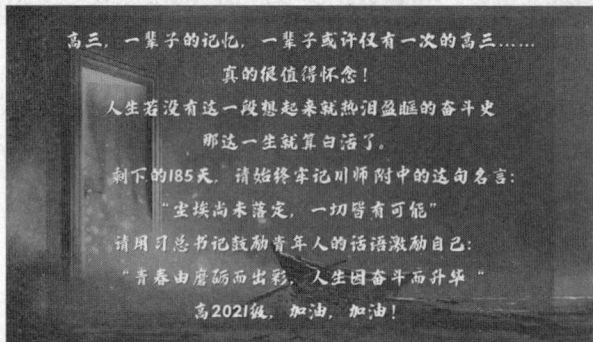

图5-9 "一鼓作气 诊齐前行"剪影（五）

环节3：各班宣读励志口号（每班30秒左右，共计约6分钟）

主题：字字铿锵，"一诊"必胜

参与人员：全体学生分班进行

环节4：集体大合唱（3分钟）

主题：一路生花，奔赴梦想

参与人员：全体师生

合唱歌曲：《孤勇者》，领唱：高三（7）班陈锦池

材料准备：剪辑版MV给孩子们提前熟悉

环节5：重温高三宣言（1分钟）

我们是高三之旅的孤勇者，脚踏实地，展翅飞翔；

我们是高三之旅的同行者，互帮互助，并肩启航；

我们是高三之旅的感恩者，怀恩砥砺，心向远方；

我们是高三之旅的成功者，青春为翼，拥抱太阳；

我是高三的战士，不惧风雨，斗志昂扬！

我是高三的勇士，以梦为马，创造辉煌！

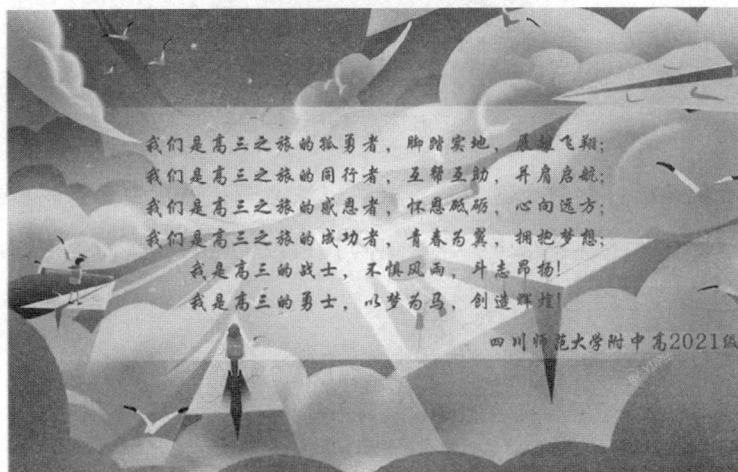

图5-10 "一鼓作气 诊齐前行"剪影（六）

【实践活动三】百日登高

当高考将临之际，用一场坚毅之行，来挑战学生的意志，见证学生的英勇！旨在营造一种张弛有度的备考状态。

学生通过活动锻炼身体，舒缓压力，磨炼意志，培养你追我赶、挑战自我的积极心态和团结合作、共同进步的团体精神。

感受走向成功的艰辛和战胜困难的喜悦，用坚韧磨炼顽强的意志，享受挑战极限和战胜自己的胜利果实。

活动主题：奋斗不止 大展鸿志！

图5-11　百日登高活动剪影（一）

活动目标：加强德育实践，凝聚班级力量；磨砺迎考意志，锻炼健康体魄；体验奋斗艰辛，享受成功快乐；坚定拼搏决心，增强冲刺信心。

活动对象：高三年级全体师生（570人左右）

活动时间：2024年2月28日（星期三）

环节1：13：40—15：00　团队拓展、活动介绍、纪律要求等

团队熔炼活动——争分夺秒

图5-12　百日登高活动剪影（二）

图5-13　百日登高活动剪影（三）

图5-14　百日登高活动剪影（四）

环节2：15：00—16：20　徒步攀登、登"金龙长城"、沿途寻找老师寄语卡片

图5-15　百日登高活动剪影（五）

环节3：16：20—17：00　放飞梦想、"金龙长城"顶端，放飞梦想气球

五、活动反思与展望

本案例展示了"四自"教育理念在高中生毅力培养中的应用效果。未来，我们将继续深化这一理念，通过更多创新教育实践活动，为学生的全面发展提供更加有力的支持。

（一）反思部分

1.活动设计与实施

回顾过去的毅力培养活动，是否真正达到了预期的效果？活动内容是否贴近学生实际，能否激发学生的内在动力和持久兴趣？活动形式是否多元化，能否通过团队合作、挑战任务等方式有效锻炼学生的毅力品质？

2. 教育效果评估

通过观察和反馈，了解学生在面对困难和挫折时，是否能够展现出坚韧不拔的精神风貌，是否学会了如何调整心态，坚持到底。同时，也要反思是否存在一些学生并未从中受益，分析其原因并寻找改进策略。

3. 教师角色定位

教师在活动中是否扮演了引导者和支持者的角色，是否给予学生足够的自主探索空间，又能在关键时刻提供必要的指导和鼓励。

（二）展望部分

1. 活动创新与优化

未来可以尝试结合更多现代化的教学手段和技术，如VR/AR体验、在线模拟挑战等，让毅力培养活动更具吸引力和挑战性。同时，结合生活实践和社会热点问题，设置更富有现实意义的任务情境。

2. 个性化培养

针对不同学生的性格特点和需求，提供个性化的毅力培养方案，帮助每一个学生发掘并提升自己的毅力品质。

3. 家校共育

加强家校联动，让家长也参与到学生的毅力培养过程中，形成良好的家庭氛围和社会支持网络，共同助力学生毅力品质的养成。

4. 长效机制建设

将毅力培养融入日常教育教学中，构建科学合理的评价体系，以长期的过程评价替代一次性结果评价，从而推动学生毅力品质的持续提升和发展。

总体来说，高中阶段是培养学生毅力的关键时期，我们需要不断反思并优化毅力培养的方式方法，以期在未来能更好地服务于学生成长成才的需求。结合高考将临之际的生活学习实际，用一场坚毅之行，来挑战自我的意志，见证战胜自我的英勇！旨在营造一种张弛有度的备考状态和生活态度。学生通过活动锻炼身体，舒缓压力，磨炼意志，培养你追我赶、挑战自我的积极心态和团结合作、共同进步的团体精神。

第六章

具身视域下的
自强发展

在教育的新时代背景下，"四自"德育体系作为培养学生全面发展的重要途径，正逐步引领学生走向自我完善与能力提升的旅程。这一体系涵盖了自我规划、自主管理、自能学习以及自强发展，其中自强发展不仅是教育的终极目标，更是学生在真实生活世界中不断努力、自我完善的过程。具身认知理论为我们提供了一个全新的视角，强调认知和学习是通过身体与环境的互动实现的。在这一理论指导下，"四自"德育体系的实施更加注重学生的亲身体验和实践参与，从而促进学生的全面发展。

本章将深入探讨具身视域下的自强发展，通过三个精心设计的案例，展示如何在教育实践中实现"四自"德育体系的目标。这些案例将分别聚焦自强发展精神的培育、自强发展能力的提升以及自强发展成果的分析。案例1将探讨如何通过党史作业，激发学生的自强精神，使他们从历史人物的奋斗故事中汲取力量，培养坚韧不拔的意志。案例2则展示如何通过学科实践活动，提升学生的自强发展能力，使他们在解决实际问题的过程中锻炼自我管理和自主学习的能力。案例3通过具体的学生实践成果，分析和总结自强发展教育的成效，展示学生如何在"四自"德育的引领下，实现自我超越，最终达到自强发展的目标。

案例1　党史中的英模与自强发展教育：
具身德育的实践探索

一、党史中的英模在自强发展教育中的价值

习近平总书记在庆祝中国共产党成立100周年大会上的重要讲话中强调了百年党史中革命烈士、仁人志士对于中国共产党建党、兴党、强党的重要作用。他们用坚毅的信仰和崇高的品格诠释了中国共产党人的价值追求和初心使命。我们要从中不断汲取精忠报国的爱国精神、大公无私的奉献精神、心中有责的担当精神、勤勉尽责的敬业精神和百折不挠的奋斗精神，让其成为明理的榜样、增信的源泉、崇德的楷模、力行的标兵，为中华民族伟大复兴注入强大的精神动能。

党史英模人物不仅仅是历史的见证者，更是精神的传承者，他们的榜样示范、情感教育、价值引领、行为导向对于培养学生的自强精神、爱国情怀以及社会责任感具有不可估量的价值。高中生虽然具有一定的理性判断能力，但他们对于一些抽象的枯燥的教育往往有一种排斥心理。而党史中的英模是具体的、鲜活的历史人物，他们的思想和行为往往能激起高中生的共鸣。党史中的英模人物是开展德育的重要课程资源，也是开展自强发展教育的重要素材。具身体验、情感教育在德育过

程具有重要性，我们将其融入党史英模教育来实现德育目标。

（一）具身体验的重要性

情景模拟：设计情景模拟活动，如角色扮演，让学生在模拟的革命历史场景中体验英模的生活和选择，从而更深刻地理解英模的精神世界和价值追求。

实地参观：组织学生参观与党史英模相关的纪念馆、历史遗址等，通过实地的观察和感受，让学生与历史人物产生情感上的连接。

互动展览：利用现代科技，如虚拟现实（VR）技术，让学生在虚拟环境中与英模"对话"，体验英模的生活环境和历史时刻。

故事讲述：通过故事讲述，让学生了解英模的生平故事，通过叙述者的情感投入，增强学生的情感共鸣。

创作表达：鼓励学生通过写作、绘画、戏剧，来表达他们对英模精神的理解和感悟，将内在的情感体验转化为外在的创作成果。

（二）情感教育的作用

情感共鸣的培养：通过具身体验，学生能够感受到英模的喜怒哀乐，从而在情感上与英模产生共鸣，这种共鸣有助于学生内化英模的价值观。

价值认同的形成：具身体验帮助学生在情感上认同英模的价值观和行为准则，这种认同是学生形成正确价值观的基础。

情感表达的鼓励：在具身体验后，鼓励学生表达自己的情感体验和思考，通过讨论、写作，让学生的情感得到释放和深化。

情感与理性的结合：在情感共鸣的基础上，引导学生进行理性思考，探讨英模精神在当代社会的应用和价值，实现情感与理性的有机结合。

情感教育的持续影响：通过具身体验和情感教育，学生能够在日常生活中持续受到英模精神的激励和影响，形成积极向上的人生态度。

（三）学习党史英模的价值

学习党史中的英模人物，不仅能够培养学生的爱国情怀和民族自豪感，还能够帮助他们树立正确的世界观、人生观和价值观，对于高中生自强精神的培养发挥着独特的作用。党史中的英模人物在开展自强教育中有价值如下。

1. 树立自强榜样，激励奋斗精神

党史人物如李大钊、方志敏、夏明翰等，他们以坚定的理想信念和不懈的奋斗精神，为我们树立了自强不息的榜样。他们的事迹告诉我们，无论面对多大的困难和挑战，只要坚持信念、勇于奋斗，就能克服一切困难。宣传和学习党史人物的事迹，可以将他们身上的乐观向上、艰苦奋斗、敢于牺牲的精神传递给当代青年和学生，激励他们在学习、生活和工作中保持积极向上的态度，不断追求进步和卓越。

2. 增强爱国情怀，培养民族认同感

党史人物是国家和民族历史的重要组成部分，他们的奋斗历程和牺牲精神是爱国情怀的生动体现。学习党史人物的事迹，可以加深人们对国家历史的认识和记忆，从而增强爱国情怀和民族认同感。

党史人物所展现的爱国精神和民族气节，有助于激发人们的民族自豪感和自信心。这种自豪感和自信心是推动国家自强发展的重要精神动力，也是培养青年学生成为国家栋梁的重要基础。

3. 培养社会责任感，担当时代使命

党史人物在革命、建设和改革过程中，始终保持着高度的社会责任感和使命感。他们的事迹告诉我们，作为社会的一员，我们应该勇于担当、积极作为，为国家和社会的发展贡献自己的力量。学习党史人物的事迹和精神，可以引导青年学生树立正确的价值观和人生观，培养服务社会的意识和能力。这种服务社会的意识和能力是推动社会和谐发展的重要因素，也是实现个人价值的重要途径。

党史英模人物的先进事迹告诉我们，只有坚定信念、勇于担当、自强不息，才能实现个人价值和社会价值的统一。因此，党史英模人物在开展自强发展教育中具有非凡的价值。

二、指向自强发展的党史人物类作业设计

党史英模人物是开展自强发展教育的重要素材和课程资源。开展党史人物类作业设计是实施自强发展教育的重要路径，项目式学习作业和体验式作业是两种常见的作业形式。

（一）项目式学习作业

在项目式学习作业中，我们特别强调具身体验的重要性。例如，在制作《党史中十大自强英模》档案册的过程中，我们不仅要求学生收集和整理英模的事迹，还鼓励他们通过角色扮演深入体验英模的生活场景。学生分组，每组选择一位英模，通过研究其生平、信仰和行为，再现英模在关键时刻的决策和行动。这种角色扮演不仅能够加深学生对英模精神的理解，还能激发他们的创造力和同理心。在作业评价环节，我们特别增加了对学生情感体验的评价维度。我们鼓励学生在完成档案册制作后，撰写一篇反思报告，表达他们在整个过程中的情感变化和内心感悟。教师根据学生的情感投入和反思深度进行评价，以促进学生在情感共鸣中实现更深层次的学习和成长。

2022年9月，历史教研组与德育处在高一、高二年级联合开展了"党史中十大自强人物"作业设计活动。基于项目式学习的理念，开展了以"历史学科渗透自强教育"为主题的深度学习作业设计，要求制作党史中十大自强英模档案册。此次党史人物类作业设计提出了以下要求：

表6-1 "历史学科渗透自强教育"深度学习作业设计

基本信息	授课对象		高一、高二学生
	课程名称		《党史中的自强英模人物》
	作业名称		《党史中十大自强英模》档案册制作
项目描述	Thing（事情）		制作《党史中十大自强英模》档案册
	Problem（问题）		自强英模的含义及特点
	Works（作品）		用环扣活页学习纸卡呈现"党史中十大自强英模"事迹及入选理由
核心目标	核心素养		史料实证、家国情怀
	具体表现	Know（知道什么）	通过阅读党史书籍选取十位自强英模的相关史料，了解他们的典型事迹，感悟自强英模群体自强不息、坚韧不拔的精神。
		Understand（理解什么）	通过阅读和逻辑推导，理解党史中的十大自强英模受尊崇的原因。
		Do（能够做出什么）	运用档案册宣讲自强英模事迹，弘扬中华优秀传统文化和革命文化，发展社会主义先进文化，增强社会责任感和历史使命感。
		Be（希望成为什么）	培养学生的自主性、坚韧性和自我提升能力，实现学生全面而持续的发展，成为德智体美劳全面发展的社会主义建设者和接班人。
核心知识	大概念		自强英模
	核心概念		党史中的自强英模特点
核心过程	情境诱发——问题驱动		情境导入：呈现以独臂将军余秋里为代表的自强英模受到民众尊崇的现象。 提出问题：何为自强英模？党史中的自强英模是怎样的？
	探究问题——提出创意		阅读《中国共产党历史通览》《中华人民共和国史》等党史著作资料，按照拟定的自强英模标准选取十位代表人物做成学习卡片。

核心过程	实践参与—问题解决	网购环扣活页空白学习纸卡；按照"身残志坚""坚韧不拔、愈挫弥坚"等标准选取十位党史中的自强英模；将党史中的十位自强英模的典型事迹分别摘抄于卡片或打印形成一个人物档案；在每位自强英模结尾处注明选择原因。十位自强英模档案卡片用环扣连接在一起或打印后装订，形成《党史中的自强英模》档案册。	
	产生作品—展现互动	学生组内展示其制作的《党史中的自强英模》档案册，推选代表在全班展示，并分组讨论党史中的自强英模事迹的时代价值。	
作业评价	维度	标准	结果
	作品质量	选取典型自强英模事迹要以权威党史资料为依据；选取的自强英模人物要综合考量其一生。	
	作品展示	档案册中的自强英模排列要体现逻辑关系，介绍语言要通顺流畅。	

在历史老师的指导下，同学们纷纷根据以上作业设计的要求，提出了自己的设计方案并提交了自己的作品。

这些作品介绍自强英模事迹的同时，还列出入选的理由，在总结这些自强英模共性的同时也凸显出其个性。通过展示、讨论等活动，进一步探讨了党史中自强英模的特点，对这些自强英模的时代价值有了更深的理解和认同。

（二）体验式作业

在体验式作业中，实地考察是核心环节。在组织学生参观中共成都历史展览馆（以下简称成都党史馆）时，我们设计了一系列互动环节，如模拟历史事件。学生可以通过参与模拟的革命会议、重要战役等活动，亲身体验英模在历史洪流中的选择和牺牲。这种实地体验不仅能够让学生更直观地感受历史，还能够激发他们的爱国情感和民族自豪感。

在设计指向自强发展的党史人物类作业时，首先邀请党史专家为学生举办专题讲座，深入浅出地讲解党史人物的生平事迹和思想贡献，引导学生深入思考。随后开展实践活动，组织学生参观党史纪念馆、革命遗址等场所，通过实地考察和亲身体验，加深对党史人物的理解和认识。在成果展示与交流环节，鼓励学生将作业成果以PPT、小报、视频等形式进行展示和交流，促进彼此之间的学习和借鉴。

以下是参观成都党史馆的体验式作业设计要求：

"参观成都党史馆"作业设计

一、作业背景与目标

为深入学习党的历史，传承红色基因，增强学生对党的认同感和归属感，特设计本次成都党史馆参观作业。通过实地参观学习，学生将深入了解党的发展历程，感受英模人物的自强精神，从而树立正确的世界观、人生观和价值观。

二、作业内容

【前期准备】

资料收集：学生需提前查阅关于成都党史馆的基本信息、重要展品及历史故事，了解参观流程和注意事项。

问题设计：根据预习内容，每位学生需准备至少三个与党史相关的问题，以便在参观过程中寻找答案或向讲解员提问。

【现场参观】

分组学习：学生分为若干小组，每组选出一名组长负责协调组内活动。

记录笔记：每位学生在参观过程中需认真记录所见所闻，包括重要展品、历史事件、英模人物及其事迹等。

互动体验：鼓励学生积极参与党史馆的互动展示区、虚拟实境体验等活动，增强学习的趣味性和参与感。

【心得感悟】

撰写学习心得：参观结束后，每位学生撰写一篇学习心得，内容包括参观过程、印象最深刻的展品或故事、个人感悟及今后的努力方向等。

小组讨论：组织小组讨论会，分享各自的学习心得和感悟，促进思想交流和碰撞。

【创意展示】

制作PPT或视频：学生可选择制作PPT或短视频等，展示参观过程中的所见所闻和个人感悟。

汇报展示：在班级或年级范围内进行汇报展示，评选出优秀作品并给予表彰。

三、作业要求

态度认真：学生需以严肃认真的态度对待本次参观学习，积极参与各项活动。

安全第一：在参观过程中，学生需遵守场馆规定，注意个人安全，不随意触摸展品或破坏公共设施。

积极思考：鼓励学生主动思考、积极提问，将所学知识与实际生活相结合。

按时完成：所有作业需在规定时间内完成并提交，逾期将按相关规定处理。

四、作业评价

过程评价：根据学生在参观过程中的表现、参与度及合作情况进行评价。

成果评价：根据学习心得、PPT或视频等成果的质量和创新性进行评价。

综合评价：结合过程评价和成果评价，给出每位学生的最终成绩，并作为课程考核的重要依据之一。

根据以上作业设计的要求，2021年10月18日，高一（3）班的同学一行31人来到位于成都市龙泉驿区大面驿都西路1492号的成都党史馆参观。在参观之前，同学们提前查阅关于成都党史馆的基本信息、重要展品及历史故事，了解参观流程和注意事项。每位学生准备了至少三个与党史相关的问题，以便在参观过程中寻找答案或向讲解员提问。同学们围绕问题重点观展，整个参观过程井然有序。

参观结束后，每位学生都撰写了一篇学习心得。在10月22日的历史课上，三位同学通过PPT展示了参观过程中的所见所闻和个人感悟。

以下是高一（3）班唐知李同学的个人感悟。

成都党史馆观后感

高一（3）班　唐知李

2021年10月18日，我们班一行31位同学来到位于成都市龙泉驿区大面驿都西路1492号的成都党史馆进行参观。

据工作人员介绍，成都党史馆的布展工程2014年8月初开工建设，11月4日正式落成开馆。目前建成的展览馆主要分序厅、新民主主义革命时期展厅、社会主义革命与建设时期展厅、改革开放和社会主义现代化建设新时期展厅四个部分。全馆共精选展出中共成都市委91年发展壮大的历程和在各个时期所取得的辉煌成就的图片950多张，文字9万余字，其中展板展出图片450余幅，文字3万余字；在多媒体设备内展出图片500余幅，文字5万余字。

在展览馆成都五杰雕像前，同学们认真聆听了王右木、车耀先、江竹筠等革命先辈为国家和民族解放壮烈牺牲的英雄事迹。在讲解员的引导下，学习了党开天辟地走向胜利、兴建大业曲折前行和改革开放铸造辉煌三个篇章，讲解员对大革命时期、土地革命战争时期、全民族抗战时期、解放战争时期、从新民主主义向社会主义过渡时期、建立社会主义市场经济体制时期、全面建设小康社会时期等进行了详细的讲解。最后现场集中观看了党史教学片《红色印象》，学习了成都和四川的党史，在党史中感悟历史汲取力量。

通过参观成都党史馆，我深刻感受到了英模自强精神的伟大力量。这座承载着四川乃至中国共产党光辉历史的殿堂，不仅展示了党在四川的奋斗历程和丰功伟绩，更通过一个个生动的故事和鲜活的形象，向我们传递了自强不息、勇攀高峰的英模精神。在党史馆的展厅里，我仿佛穿越时空，与那些在历史长河中熠熠生辉的英模们面对面交流。他们中有的是为了民族独立和人民解放而英勇献身的革命先烈，有的是在社会主义建设中默默奉献、不懈奋斗的劳动者，还有的是在新时代背景下敢于创新、勇于担当的时代先锋。这些英模们用自己的实际行动诠释了什么是真正的自强精神，让我深受感动和启发。

通过参观成都党史馆，我深刻认识到自强精神是中华民族宝贵的精神财富之一。它不仅是个人成长进步的重要动力源泉，更是推动社会发展和民族振兴的强大精神力量。在当今社会快速发展的时代背景下，我们更应该继承和发扬这种自强精神，勇于面对挑战，敢于担当责任，不断追求卓越。只有这样，我们才能在激烈的竞争中立于不败之地，为实现中华民族伟大复兴贡献自己的力量。

总之，参观成都党史馆让我深刻感受到了英模自强精神的伟大力量。这种精神将激励我不断前行、努力奋斗，为实现自己的梦想和追求而不懈努力。

通过开展本次成都党史馆参观作业设计活动，学生深入了解党的历史，尤其是党在成都市的奋斗历史，近距离感受了成都党史中英模人物的自强精神，英模人物的自强精神在潜移默化中内化为学生的前行动力，从而激发了学生的自主意识和自强精神，增强了家国情怀和奋斗精神，为未来的成长和发展奠定坚实的思想基础。

三、指向自强发展的党史人物类作业实施效果

实践证明，不管是开展制作《党史中的十大英模》档案册，还是亲自参观党史馆，这些党史英模人物类作业设计是开展自强发展教育的重要路径，在实施过程中也取得了良好效果。

（一）增强了学生对党史英模人物的了解和对党的认同

通过一系列精心设计的党史人物类作业，学生在具身体验中与英模人物产生了强烈的情感共鸣。例如，在角色扮演和情境再现活动中，学生不仅学习了英模的生平事迹，更在模拟的互动过程中，体验到了英模面对困难时的坚定与勇敢。这种深度的情感体验，使得学生对英模的敬仰之情油然而生，从而在心灵深处建立起对英模精神的认同感。学生在作业展示和讨论中，能够明显感受到自己情感的转变，从最初的陌生到最终的深刻理解，这一过程极大地增强了他们对党史英模的情感认同。

通过制作《党史中的十大英模》档案册和参观党史馆，学生可以深入研究党史英模人物，能够更加系统地了解这些人物在党的历史进程中的重要作用和贡献，掌握相关的历史知识和人物事迹。鲜活的党史人物所展现的自强精神、爱国情怀和无私奉献等优秀品质，能够深深触动学生的心灵，增强他们对这些人物的敬仰和认同，进而激发他们的爱国情感和民族自豪感，增强他们对党的认同感。

（二）提升了学生的自主学习与探究能力

为了完成作业，学生利用信息技术（如在线数据库、多媒体工具等），提供的丰富学习资源和便捷学习途径，主动查阅相关资料、搜集信息、制作作品等。在探究过程中，教师设计问题情境，引导学生运用

批判性思维分析英模人物的生平事迹和思想贡献，评估不同历史观点的合理性。这种训练有助于学生形成独立思考的习惯，提高他们的分析和判断能力。另外，鼓励学生将党史学习教育与其他学科知识相结合，如历史与文学、艺术、哲学等，进行跨学科的探究。这种跨学科的学习方式能够拓宽学生的视野，促进他们从多角度、多层次理解和分析问题。在这一过程中，引导学生在完成作业后进行反思性学习，记录自己在探究过程中的体会、困惑和收获。通过写作反思日记或进行小组反思讨论，学生能够更清晰地认识到自己的学习过程和成长轨迹。他们的自主学习能力得到了锻炼，自强精神和实践能力得到了提升。通过深入分析党史人物的生平事迹、思想贡献等方面，学生能够培养起良好的探究精神和批判性思维能力，学会从不同角度看待问题、分析问题。

（三）促进学生全面发展与成长

具身体验的作业设计，不仅仅提升了学生对党史的认知，更在多个层面促进了学生的全面发展。在项目式学习和体验式作业的实施过程中，学生展现出了很强的自主学习能力。他们主动查阅资料、分析信息，并在小组合作中学会了倾听、交流和协作。此外，通过实地参观和情感交流，学生的探究能力得到了锻炼，他们学会了如何从多角度审视问题，如何在历史与现实之间建立联系。综合素质的提升，体现在学生的表达能力、批判性思维以及创新能力上。他们在档案册制作、心得撰写和创意展示中，展现了多样化的才华和独到的见解。这些能力的提升，为学生未来的学术发展和个人成长奠定了坚实的基础。

以余秋里、车耀先为代表的党史英模人物所展现的自强精神、艰苦奋斗等优秀品质，能够成为学生成长道路上的重要精神支柱，帮助他们树立正确的世界观、人生观和价值观。在完成作业的过程中，学生不仅需要掌握历史知识，还需要具备一定的写作、表达、团队协作等能力，这些都有助于他们综合素质的全面提升。

通过这些措施的实施，学生不仅掌握了丰富的党史知识，还深刻感受到了党史人物所展现的自强精神等优秀品质，他们的自主学习能力、探究能力和综合素质都得到了显著提升。同时，这一作业形式也有效激发了学生的学习兴趣和爱国情感，为他们的全面发展奠定了坚实基础。

案例2　地理调查中的具身德育：
培养自强发展能力

　　学科实践不仅是学生开展学科学习的基本方式，也是实现具身德育理念的平台。在这一过程中，培养自强发展能力成为所有学科共同追求的目标。不同于抽象的知识传授，学科实践将学生置于真实生活的情境中，身体经验、情感体验和社会互动，激发他们对知识的深入理解和内在情感的共鸣。在学科实践中，学生面对的是源于生活的、具体的学科问题。这些问题超越了书本知识的界限，要求学生发展综合能力和可普遍迁移的技能。这些问题解决能力，包括面对困难时的积极应对、坚韧不拔的意志品质和果断的行动能力，正是自强发展能力的重要体现。

　　具身德育理论强调通过身体经验来促进学习，这与普通高中地理课程标准中提出的地理实践力概念不谋而合。地理实践力不仅是一种内化的意识、态度和精神，更是一种外显的行为能力，能够让学生在实践活动中应对现实问题。在地理调查实践活动中，学生的自强发展能力得到了具体的培养和体现，这种能力不仅促进了学科知识的学习，也成了德育实践的重要组成部分。

　　通过地理实践活动，学生的自强发展能力得以在真情实景中不断培养和发展。这种发展不仅为学科问题的解决提供了更宽广的视野和更强大的思想方法，还赋予了学生面对生活挑战时的勇气与力量。地理实践活动因此成为学科学习和德育实践融合的纽带，使学生在探索地理世界的同时，也在自我成长和精神建设上迈出坚实的步伐。

一、在地理调查实践中培养自强发展能力的主要维度

（一）问题意识和信息处理的能力

在引导学生深入调查类地理实践活动的过程中，我们致力于培育学生的问题意识，激励他们以主动探索的姿态深入日常生活，发现并定义问题。通过实地考察和亲身体验，学生不仅能够直观地观察到地理现象，更能够在这一过程中敏锐地捕捉到问题的本质，从而锻炼他们的观察力。实地考察为学生提供了一个与地理现象直接互动的平台。在这一平台上，学生能够通过亲身体验来验证和深化对地理概念的理解。例如，站在河流边观察水文特征，或在农田中感受土壤质地，这些体验能够让学生从直观感受中提炼出问题，并进一步思考其背后的地理原理。此外，学生在实践活动中还需要学会如何收集和处理信息。他们通过书本、网络等资源检索和筛选初步信息，然后在实地调研或访谈中对这些信息进行验证和深化。这种从理论到实践，再从实践回归理论的过程，不仅增强了学生的信息处理能力，也锻炼了他们的批判性思维。

通过实践活动，学生逐渐学会如何将观察到的现象转化为可研究的问题，如何从大量信息中筛选出有价值的数据，并将其组织成有逻辑的论据，以支持或反驳特定的地理假设。这种能力的提升，不仅有助于他们在地理学科上的学习，更为他们在未来的学术研究和职业生涯打下了坚实的基础。

（二）实践活动方案的设计能力

在实践活动方案的设计过程中，我们强调团队合作的重要性，特别是面对面的具身互动。这种直接的交流和协作不仅能够促进学生之间的相互理解，还能够激发创新思维和集体智慧。通过团队中的具身互动，学生能够在讨论和规划中相互启发，共同制订出切实可行的实践活动方案。

在团队合作的环境中，每个成员都有机会表达自己的观点和想法，这种开放的沟通有助于学生学会倾听、尊重他人意见，并在此基础上进行有效的交流和合作。通过集体讨论，学生共同确定活动的目标和方向，制定出详细的步骤和计划，这样的过程对于提升学生的计划和分析能力至关重要。我们鼓励学生在设计实践活动方案时，充分利用团队成员的多样性和创造力。在团队中，每个成员都可以根据自己的特长和兴趣贡献力量，共同推动方案的完善和发展。这种团队协作的过程，不仅能够提高方案设计的质量和效率，还能够培养学生的领导力和团队精神。此外，通过团队合作，学生还能够学习如何在多样化的观点中寻求共识，如何在面对不同意见时进行协调和妥协。这些技能对于学生未来在更广泛的社会环境中进行有效沟通和协作具有重要意义。

总之，实践活动方案设计能力的提升，不仅仅依赖于个人的智慧和努力，更在于团队成员之间的具身互动和协作。通过这种协作，学生不仅能够设计出高质量的实践活动方案，更能够在过程中培养出宝贵的团队合作精神和社交技能。

（三）百折不挠的行动能力

在地理实践活动的实施阶段，学生直面各种挑战和困难，这些经历是他们成长的宝贵财富。学生通过"真枪实战"的方式，将自己设计的方案付诸实践，这不仅考验了他们使用地理工具和与人沟通的技能，更考验了他们在面对逆境时的应对能力。具身体验让学生在实地操作中感受到挑战的紧迫性，情感参与则激发了他们解决问题的内在动力。

例如，当学生在野外遇到预料之外的地理现象时，他们需要迅速调整方案，动用所有感官和知识来应对。这种临场应变的能力，以及在困难面前不放弃的精神，是百折不挠行动能力的具体体现。通过实践活动后的体悟反思和交流，学生不仅提升了自身的技能，更培养了面对挑战时的坚韧和毅力。

（四）植根家国情怀的不竭动力

地理实践活动的多样性为学生提供了丰富的具身体验机会。在真实的自然和社会环境中，学生全身心地投入与自然和社会的互动中，这种互动不仅提升了他们的能力，更在情感上加深了他们对家国的认同和情怀。

在实践活动中，学生面对的是充满复杂性的现实社会现象。他们通过问卷调查、访谈、入户调研等方法进行调查。在调查过程中，学生不仅客观地认识和地理相关的社会现象，更在这个过程中学会了同情、理解和尊重不同群体的生活状态和需求。这些具身的交往和互动经历，让学生在情感上与社会现象产生了深刻的联系，增强了他们对社会责任的认识。

通过实践活动，学生站在不同的立场，从不同的角度进行客观思考，这不仅锻炼了他们综合分析和评判复杂人地关系的能力，更在情感上培养了他们对国家和社会的深厚感情。这种植根于心的家国情怀，成为学生自强不息、持续进步的不竭动力。

二、指向问题意识和信息处理能力的主题选定

（一）任务要求

为了深化学生的具身体验，并鼓励他们通过实地走访来选择和探索地理问题，我们对学生自主选定地理调查活动主题的任务要求进行了

以下调整：学生将通过直接参与和实地考察来激发对地理现象的好奇心和探索欲。在这一过程中，学生需要结合个人兴趣、实际生活环境以及亲身体验，自主选定具有地理学意义的调查主题。我们鼓励学生走出课堂，深入社区、田野、工厂或任何与所选主题相关的地点，通过观察、访谈和体验，发现和记录地理特征及其相关问题。具体任务要求如下：

实地走访：学生应亲自走访感兴趣的区域，如社区、农田、工业园区或交通节点，通过直接观察来识别地理现象和潜在问题。

主题选择：在实地考察的基础上，学生需选择一个具体的地理调查主题，如"城市化对社区结构的影响""农业活动对当地生态环境的作用""交通发展对居民出行模式的改变"等。

问题探究：学生需要对所选主题进行深入探究，分析现象背后的原因，并思考可能的解决方案。

反馈填写：学生应根据实地体验和研究结果，按照表6-2所示的格式填写反馈信息。

表6-2　基于自强发展能力培养的主题活动阐释

基于自强发展能力培养的主题活动阐释	
一、我研究的主题	
二、我的研究内容	
三、原因阐释	研究的必要性： 研究的可操作性：
四、我的疑问	
五、其他	

我研究的主题：简述选定的地理调查主题。

我的研究内容：列出调查中观察到的关键地理现象和问题。

原因阐释：分析观察到的现象背后的原因。

我的疑问：记录在调查过程中产生的疑问或需要进一步探讨的问题。

其他：包括调查过程中的感想、体会或对实践活动的建议。

通过这种调整，我们期望学生能够在实践活动中更加主动地学习和探索，同时培养他们的观察力、分析力和解决问题的能力。这种基于具身体验的学习方法将有助于学生更深刻地理解地理知识，并在实际应用中提升自身的地理实践力。

（二）设计意图

区别于教师给定活动主题和活动目标任务，让学生自主选择和思考，这需要学生从日常生活中发现和选定地理问题，这要求他们具备敏锐的问题意识。生活中的问题现象是真实且复杂的情境，学生在查阅资料和分析现象的过程有助于锻炼收集、筛选和处理信息的能力。同时，学生通过自主选定活动主题，能够认识到自己的兴趣和能力所在，在活动过程中设定目标、规划行动并自我监控进度，这有助于提升自我管理能力和自我激励精神，这正是自强发展能力培养的核心需求。

（三）学生反馈

面对问题要求，学生往往感到难以选择主题方向，希望得到明确的指示，就像完成作业那样，依照特定公式来完成内容。自主选择需要敏锐的洞察力和强大的思考力。因此任务的布置对于他们本身是一种挑战。不过当教师给出自强发展能力培养的主题阐释后，学生就有了相对清晰的活动开展思路，及学会如何将观察的现象问题书面研究深化，在自我觉察的基础上更教会学生自主筛选、处理和分析信息。

三、指向自立自强发展能力实践活动方案设计

（一）任务要求

根据所选定的主题任务，制定实践活动方案，从活动准备、活动实施和活动成果呈现等角度制定计划。

表6-3　学生活动一般模式

学生活动手册	
活动主题	
成员分工	组长： 组员1： 组员2： 组员3：
活动准备	资料搜集： 工具准备： 注意事项：
活动路线	
活动内容	1. 查阅资料： 2. 实地考察印证： 3. 总结普遍的规律：
活动任务	问题1： 问题2： 问题3： 问题4：
活动总结	活动文档报告： 汇报PPT：
活动反思	
其他	

（二）设计意图

　　调查类的地理实践活动不同于一般的地理课程，也不同于一般的地理实践活动。它是以调查为主，具有典型地理性的实践活动。为了保证实践活动的地理性和兼顾学生多种能力的培养，在指导学生开展实践活动时应该更加明确和清晰。因此让学生在任务的驱动下，自行设计合理的活动形式，综合选择资料进行收集整理、问卷调查、个案访谈和实地调查等实践活动，这样才能最大程度地让学生切身体验以达到良好的研究效果。

（三）学生反馈

学生在活动开始前对于要研究调查的内容是不明确的，只能模糊地说出大概。在活动方案设计的过程中，自主查阅资料、结合实际设计路线和方案，明确问题，有助于学生发现问题、处理信息和收集信息的能力，以及提前预估自强发展中的"自"——自主能力。

四、指向百折不挠行动能力的活动实施

（一）任务要求

学生被邀请加入一个由三至四名同学组成的小组，共同合作开展地理调查实践活动。在这一过程中，学生需要设计一个包含户外教学环节的活动方案，确保在自然环境中进行实地考察和学习。方案应包括活动准备、实施和成果呈现等各个阶段的详细计划，并记录活动过程的影像资料。学生需要实地验证先前收集的信息，通过走访调查来深化对选定问题的理解和分析，形成全面准确的调查结果。

（二）设计意图

地理实践活动的设计意图在于通过具体的户外教学活动，让学生在自然环境中具身体验地理知识的学习和应用。这种实践活动不仅要求学生进行调查研究，更强调通过直接的身体参与和情感体验来面对和解决问题。学校、家庭和学生三方的协作为学生提供了一个支持性的学习环境，有助于学生在活动中培养自强发展能力。学校在活动前的准备阶段确保学生对主题和任务有清晰的认识，并通过挑战性任务激发学生的内在动力。家长的陪同和线上QQ群的沟通为学生提供了必要的支持和指导。

（三）学生反馈

在实践活动中，学生走出课堂，直接面对真实环境，进行观察和与人交流，这不仅锻炼了他们收集和处理信息的能力，也增强了他们的自主性和解决问题的能力。学生在实地调查中遇到的挑战，如被拒绝时的

失落感，促使他们学会了坚持和勇气。通过具身参与和情感体验，学生能够更深入地认识人地关系，培养了对家国情怀的深刻感知。

我们期望学生能够在实践活动中获得更丰富的具身体验，通过直接的身体参与和情感投入来提升他们的行动能力和自我认知，同时也加深了他们对地理知识的理解和应用。

五、指向自强发展能力的评价反馈

（一）任务要求

1. 成果提交

线上提交文字地理调查报告，报告以电子Word文档形式呈现，字数要求1500字以上。从调查主题、调查目的、调查成员、调查准备、调查过程、调查结果几个方面进行撰写，并配有过程记录的图文资料。或制作成图文海报线上提交，同样需涵盖考察主题、考察目的、考察成员、考察准备与考察结果等内容。若是手绘的图文可以拍照，以图片的形式发送，但图片必须像素清晰，大小在1～10M之内。图文内容注重创新性、科学性、艺术性。后续将在微信公众号和校园文化中心制作海报展示。

2. 量化评价

从信息获取、设计方案、实施行动和评价反思四个方面，自主对实践过程中自己的表现打分。

（二）设计意图

通过学术报告、展览、网络平台等多种形式，多元化地展示学生的实践活动成果，这不仅能够增强学生的成就感和自信心，更能激发他们的自我认知和批判性思维，在深入反思和总结实践活动的同时提升他们的综合能力。

根据《普通高中地理课程标准（2017年版）》对地理实践力概念

和表现的解读，并参照首都师范大学徐焰华教授构建出的我国高中生地理实践力素养评价指标体系（V1.0）以及自强发展能力维度对地理调查的培养效果进行评价，包括对学生在调查的主题选定、方案设计、行动实施、成果和展示交流效果进行评价。通过这些评价，不仅展示了学生的实践活动成果，更展示了他们在实践过程中培养的自强发展精神，这使他们能够在实践中不断学习、反思和成长，形成积极向上的学习氛围。

（三）学生反馈

学生在完成地理实践后，基于前期的信息收集、方案设计和行动实施，面临众多挑战，但都已成功应对，培养了面对挑战时自我解决问题的能力。对于活动后的成果总结梳理，学生是十分积极且类型多样的。学生在活动中，学会站在不同的立场，从不同的角度客观思考，养成综合分析、评判复杂人地关系的能力，厚植家国情怀。

通过地理调查活动的实施，我们见证了具身德育在学生全面发展中的显著效果。这种以实践活动为基础的学习方式极大地提升了学生的参与度，他们的积极参与和对活动的浓厚兴趣充分证明了这一教学策略的有效性。实践活动不仅激发了学生的内在动机，更促使他们主动地学习和探索，这与自强发展德育的目标完美契合。在这一过程中，学生不仅掌握了必要的地理知识，更通过实地考察和社会实践，培养了自强精神和社会责任感。这些活动使他们能够在面对真实世界的挑战时展现出坚韧不拔的意志和解决问题的能力，实现了知识学习与个人成长的有机结合。教师在这一过程中发挥了至关重要的作用。他们的专业指导不仅促进了学生的成长，而且通过实践活动的反思和总结，教师自身的专业发展也得到了加强，实现了教学相长的理想状态。学校、家庭和社会的共同参与为学生提供了一个全面的支持体系，营造了一个有利于学生自强发展的教育生态环境。此外，学生的反馈显示，他们在实践活动中通过具身体验和情感参与，学会了从不同角度观察问题，培养了综合分析和评判复杂人地关系的能力。这些经历不仅加深了他们对地理知识的理解，更在情感上增强了他们对家国情怀的认同。

地理调查活动作为具身德育的一个范例，证明了学科实践活动对于培养学生自强能力是必要且有效的。我们鼓励将这种方法应用于地理之外的其他学科，鼓励学生进行自主观察、设计方案、行动实施和总结反思。教师应提前规划并提供针对性的指导，帮助学生在面对挑战时实现自我突破，并在活动中进行深入的反思和认知，厚植家国情怀。总之，地理调查活动中具身德育的实施，不仅促进了学生的全面发展，也为教师的专业成长和教育实践的创新提供了有力支持，展现了教育活动在培养学生综合素质方面的深远影响。

案例3　具身德育下的自强发展：
高中生实践成果分析

自强不息是中华民族伟大的民族精神，进入新时代以来，党和国家更加注重自强精神的培养，多次明确提出要培养青年成为拥有过硬本领的时代新人。在新时代背景下，高中生作为国家未来的栋梁，其自强精神的培养显得尤为重要。本文以具身德育理论为视角，分析了我校高中生在校期间通过"四自"德育模式实现自强发展的实践成果，展示了具身德育在促进学生全面发展中的积极作用。

自强发展可以划分为明确理想目标，积极投身实践，独立解决问题和勇于创新突破等维度的能力[1]，在我校"四自"德育理念与"具身"理念的融合实践中，学生在亲身的实践活动中真正获得体悟，同时取得了丰富的成果，这些累累硕果正是具身德育课程实效性的有力证明，让具身德育课程在学生身上的作用变得可视化。

---

[1] 李菊花. 新时代大学生自立自强精神培育研究［D］. 南充：西华师范大学，2022.

一、具身德育：明确理想目标的实践路径

坚定理想信念的重要性不言自明，但在传统的"离身"德育模式中，学生的理想往往被简化为抽象的口号，缺乏实际体验的支持。我校实施具身德育，将理想信念教育与学生的真实生活紧密结合，引导学生基于个人兴趣，确立符合自身特点的人生目标。例如，胡景行同学在化学学科的深入探索和科创实践中，逐渐明确了成为科研人员的职业志向。

（一）立足个人兴趣，确立人生志向

常言道"兴趣是最好的老师"，挖掘兴趣有助于学生确定真正的志向。从心理学角度来看，兴趣可以分为感官兴趣、自觉兴趣和志趣。

图6-1 兴趣"金字塔"[②]

<hr>

① 蒋吉平. 如何从兴趣中找到人生坐标？[J]. 求学：高考资讯指导（理科生版），2021（17）：67-68.

高中生已经形成了某些自觉兴趣，如表现出对某个学科特别的热衷与投入。在具身德育过程中，教师基于学生已有的兴趣，引导他们立志成才。获得成都市科创大赛一等奖的胡景行同学从小对化学便有浓厚的兴趣，进入高中后更是积极投身化学学科的学习。在班主任与化学老师的鼓励下，他潜心研究，坚持学习，动手实践，每个假期都会积极参与科创实践，加深对化学学科的了解。在学校"四自"德育氛围的鼓励下，胡景行与同学共同成立了川师附中科创社，带领社员取得丰富研究成果，并逐渐立志成为优秀的科研人员。在锦江区科技月获得一等奖的巨熙同学热衷于生物学习，在发展自身兴趣爱好的基础上，他逐步立志从事生物制药的相关职业。

立足学生的真实爱好，引导其将内控的自觉兴趣充分发挥出来，逐渐形成稳定的志向，更有助于学生实现自强发展，确立正确的人生目标。

（二）挖掘学科知识，贯彻人生理想

知识中始终渗透着个人的情感、价值信仰、理智追求和独特生活史。无论知识多么广泛和深入地融入社会，知识的个人性只能掩盖、扭曲或淡忘，但绝不能消除，除非知识本身不复存在。[①]课堂不仅是教学的主阵地，也是德育的重要渠道。"上课"是学生在校经历最多的身体体验，引导他们从每日所学中获取支撑理想的力量就是让德育"切身化"的重要方法。在成都市科创比赛中获得一等奖的江中同学从课内所学知识中汲取实验灵感，巨熙同学有意识地将生物课所学知识迁移到实际问题的解决中，他们都是让德育"切身化"的具体体现。将学科知识用以造福社会从而形成正确的人生志向，更能让学生从自我已有的认识

---

① 张华. 研究性教学论［M］. 上海：华东师范大学出版社，2010：33，30.

中汲取力量，用认知知识贯彻人生理想。

二、具身实践：积极投身实践的行动体现

通过社会实践和社会交往，个体才能认识和形成正确的道德观念，道德教育应当贯穿于社会生活的各个领域，培养和弘扬社会主义核心价值观。现代认知心理学研究表明，以悟为基础的理解活动并非某种纯粹的智力活动，而是人的整个生存活动的一部分。①在具身理论视域下，人的行为和思维受到身体的影响，在实践中调动学生的身体机能，使其在真实体验中亲身感受道德行为带来的积极影响，从而更好地理解道德原则和规范，提升自身的综合素质和全面发展的能力。

（一）树立乐观心态，培养健全人格

黄希庭教授曾对学生健全的人格提出如下定义："以正面的态度对待世界、他人、自己、过去、现在和未来、顺境与逆境，做一个自立、自信、自尊、自强、幸福的进取者。"②由此可见真正让学生有所收获的德育应让学生在各种不同情景中作出选择。"形式化"的德育往往因为缺乏多样化的体验，使学生感到德育过程不真实，看似多样的活动因未能激发学生的主观能动性而显得表面化。将学生置身其中的"具身"德育能让真实的"困境"呈现在学生的面前，通过引导学生冷静、乐观地面对问题，提升他们面对挑战的能力，在各种生活情境中拥有良好的心态和优秀的应变能力。

罗鸿弈、黄睿朗两位同学在第三届全国青少年科技教育成果展示大赛中精彩的表现便是很好的例证，从比赛准备开始他们便面对重重挑

---

① 王健敏. 具身德育：立德树人背景下德育新理念与新路径［J］. 中国特殊教育，2017（5）：22-26.

② 黄希庭，郑涌，李宏翰. 学生健全人格养成教育的心理学观点［J］. 广西师范大学学报（哲学社会科学版），2006（3）：90-94.

战。繁重的课业压力让他们没有充分的时间准备参赛项目，当他们着手开始准备时比赛时间又已临近，而要完成无人驾驶的项目又需要大量的理论培训与实操练习。时间紧，任务重，在专家和老师的引导和帮助下，他们自主规划时间安排，合理利用休息时间，每天午自习和晚自习后半段到智能教室操作，在保证学业的同时推动参赛准备工作有条不紊地进行。真实的挑战不仅如此，准备过程中他们屡屡遭遇技术难题，但两位同学始终保持乐观积极的心态，通过广泛查阅资料、请教专家、拆装检修设备等，赶在比赛开始前顺利解决了问题，最终在省赛中斩获佳绩，得到了前往全国大赛这一宝贵机会。

（二）敢于投身实践，实现全面发展

当一门学科是作为理解社会生活的方式而被传授时，它具有积极的伦理意义。①沉浸式的社会环境让置身其中的学生通过具身德育投入实践当中，脱离纸上谈兵的说教，在实践中增加学问、增长才能、锻炼毅力、培养品格。具身理论视域下的德育实践不仅能让学生在运用中理解贯通各学科的知识，将所学与实际生活相关联，更能锻炼学生的沟通能力、表达能力、合作能力等综合素质，实现全面发展。

在全国大赛中，黄睿朗、罗鸿弈两位同学发现真实的情况远远比理想状况更复杂，无人驾驶模型的稳定性受到环境因素的显著影响，即使是轻微的定位偏差或光线变化也可能导致完全不同的结果。参赛过程中，他们遇到了设备反应迟钝、模型矫正失败的问题。然而，在老师的引导和帮助下，他们沉着、冷静地灵活应变，最终安全地渡过了难关。即使面对初次试驾成绩不被认可的问题，他们乐观应对突发情况，主动与裁判沟通，充分发挥自己的交流表达能力，最终取得了全国金奖优异

---

① 杜威.道德教育原理［M］.王承绪，等译.杭州：浙江教育出版社，2003.

的成绩。

罗鸿弈在赛后感想中坦言道："在比赛前的训练阶段，我和睿朗投入了大量的时间和精力完善我们的项目。我们反复进行实验和调试，总结出了一套成熟的比赛操作方案。在这个过程中，我们遇到了各种挑战和困难，但始终坚持不懈地努力，相互支持和鼓励。最终，我们取得了显著的进步。比赛的赛场上是紧张而激动人心的。我们紧密合作，团结一致，充满自信地展示我们的项目。尽管在比赛过程中遇到了一些意外情况和技术问题，但我们保持冷静，积极解决并调整策略。这次比赛让我深刻体会到团队合作和沟通的重要性。"

具身德育强调在真实社会环境中的道德体验和实践。我校鼓励学生参与各类社会实践活动，通过亲身体验来认识和形成正确的道德观念。罗鸿弈、黄睿朗两位同学在全国青少年科技教育成果展示大赛中的优异表现，正是具身德育实践成果的生动体现。

三、具身探索：独立解决问题的能力培养

"离身"德育模式不但脱离学生的生活实际，其灌输式的教学模式更是难以培养学生的问题解决能力。教师基于个人经验的讲解自然有完善的逻辑体系，单向接收的模式似乎让结果的推导顺理成章，但学生并没有在实际的情境中自主发现问题，更无法面对实际操作中需要独立解决问题的情境。只有将学生置身于真实问题中，以"具身"的理念为指导，让学生亲身实践，才有可能发现问题，从而思考突破困境的方法，培养独立解决问题的能力。

（一）培养问题意识，发现症结所在

问题意识是指人们在认识活动中，经常意识到一些难以解决的疑惑的实际问题或理论问题，并产生一种怀疑、困惑、焦虑、探究的心理状态，这种心理又驱使个体积极思维，不断提出问题、分析问题和解决问

题。[①]理论知识在实际运用中需要结合具体情况灵活应变,身体力行的实践中学生才能发现问题所在,这也是学生自主探索解决问题的前提。在具身德育的框架下,学生被置于真实的问题情境中,通过亲身实践来锻炼问题解决能力。王鹏翔、姜盛雄、李元庆三位同学在成都市青少年科技创新大赛中的获奖项目,便是在实际操作中发现并解决问题的典型案例。他们在运用教材中乙酸乙酯的制备原理时,发现教材中理想情况下酯化反应实验有不足之处,并基于此优化改良装置,从而优化操作方案。

如同科学实验,书籍中的理论知识往往自成体系,在理想状态下各环节都能顺利推演。而在鼓励学生身体力行的"具身"实践中,学生才能锻炼解决真实问题的能力,这也是面对日新月异的社会发展进程的必然要求。

(二)亲身实践探索,亲手解决问题

杜威明确指出了传统知识传授模式的弊病:"用符号表示的专门知识忽视教育的社会必要性,不顾教育与影响有意识的生活的一切人类群体的一致性,把教育和传授有关遥远的事物的知识,和通过语言符号即文字传递学问等同起来。"[②]而实际需求正是促进学生思考解决问题策略的重要动力,将书本上凝聚于文字中的内容转化为解决问题的能力。

获得成都市科创大赛一等奖的高翼飞同学在日常学习中虽然也展现了思维的活跃,但纸上谈兵的理论学习并未让他有印象深刻的体验。直到在实践活动中,一次化学实验装置需要使用加热器,即使教材中介绍了成熟的广泛应用的专业加热设备,但实际获取难度较高。面对这一问题,高翼飞没有放弃尝试,他努力探索,尝试多种不同材料,不断改良

---

① 叶弈乾,祝蓓里.心理学[M].上海:华东师范大学出版社,1988.

② 杜威.民主主义与教育[M].王承绪,译.北京:人民教育出版社,2001.

装备的工作方式，在与同伴的合作探究中，制作完成了更为简易、制作成本更低的加热设备。同时，他们也独立完成了ZVS电路板的设计、制作与调试，通过亲自动手，让身体深度参与问题的解决过程，从中感受亲自解决问题的能力，更加坚定自立自强的意志品质。

获得成都市第38届科技实验现场答辩一等奖的罗鸿弈、任衍铖、江中三位同学为了完成硝糖火箭的设计，亲自动手设计、打印喷口的3D模型，通过多次实验与探究解决设计过程中遇到的难题，通过融合物理学科和化学学科的知识，为自己的科研志向进行了一次有意义的尝试，并切实提升了自己的动手能力，积累了将来应对更多具体情况的经验。

具身德育使得学生在实际操作中发现和解决问题，把学生个体置身于德育过程中，反躬自身，获得成长。在上述案例中，学生以实际需求为导向，将独立探索的精神运用到问题解决的过程中，在切身真实经历里提升了问题解决能力，实现综合素质的提升。

四、具身创新：勇于突破思维惯性的实践探索

创造力是时代发展的要求，学生创新能力的提升在具身理念指导下的德育中可谓水到渠成。从本质上看，创新的过程就是解决问题的过程，是一种具有创新意义、超乎寻常的解决问题的过程，是解决问题的最高形式。问题是创新过程的起点，解决问题是维持不断创新的动力。"空心化"的德育模式因其内容固化、形式僵化，无法激发学生创造力的觉醒。基于具身德育的实践导向，学生得以在实际情境中培养问题意识的强调和问题解决能力，在此基础上不断提升创造力，努力取得创新性成果。

（一）观察真实生活，培养发散思维

激发学生的创造力，首先要从破除学生对事物认识上的各种功能固守和思想惰性入手。这种惰性突出表现为沿袭固有的处事惯例、权威

意识和无批判意识等现象。[①]学生在身体力行的生活体验中探索新的想法，通过身体与环境的互动获得不囿于传统认知的灵感，从而在普通的生活现象中汲取灵感，发挥想象力和坚持独创性。

在高翼飞与王鹏翔的合作探索中，他们关注到同学在进行"川师附中狮山杯"篮球联赛期间购买的某电解质水配料表信息，联想初中电解水的实验，计划通过改变电解液成分的方式，探究其反应产物。若非对生活的细心观察与对过往知识的充分调动，生活中习以为常的现象很难激发学生的创新思维，以发散思维作为重要能力组成的创造力就难以培养。在实验报告中，学生写道："冈察洛夫有言：'观察与经验和谐地应用到生活上就是智慧。'灵感其实就在我们的身边，我们要学会留心观察身边的事物——哪怕是一瓶水上的配料表。同时，也要拥有一双善于发现问题的眼睛，并长存一颗好奇心。"学生的创造性思维就会得到了充分的培养。

巨熙在思考解决人力杀虫问题的过程中，没有被已有的杀虫剂成分限制思维，而是联系所学知识，创造性地提出以氮、硫气态氧化物为主要产生物，并通过实验验证了其可行性。具身德育为学生提供了一个观察真实生活、激发创新思维的平台。学生在与环境的互动中培养发散思维，调动非智力因素，助力创新能力的提升。巨熙同学在解决人力杀虫问题时的创新思维，便是具身德育激发创造力的例证。

（二）调动非智力因素，助力创新思维

兴趣、动机、态度等非智力因素对创造力的开发起着重要作用，杨素华等人用"卡特尔十六种人格因素量表"对中国科大少年班的学生进行了人格测试，发现这些学生在稳定性、恃强性、敢为性、创新性、自

---

① 岳晓东，龚放. 创新思维的形成与创新人才的培养［J］. 教育研究，1999
（10）：9-16.

律性等创造性人格因素上得分甚高。[①]具身理论视域下的德育实践强调从学生的个性出发，充分调动他们的主观能动性，有利于非智力因素的充分发挥。

李易安、黄俱进、张舒平将个人兴趣与当下人们对野外求生的热情相结合，为了解决在野外生火不便，打火机难以点燃潮湿的树枝树叶的问题，探究其中成因，利用硝酸根的强氧化性和苯甲酸根的强还原性，研发高能助燃剂，以兴趣为导向激发了创造力的发展。

基于对人文学科的兴趣，刘澄澄、聂睿歆、梁爽等同学也在"未来外交官"比赛中取得优异成绩。在学校德育理念的影响下，我们充分认识到青年人是未来的希望，是新时代的创造者和实践者。学校积极鼓励学生参与赛事，组织川师附中首支代表队参赛，在教师的帮助下形成明确分工，人人都独立思考并解决问题，积极协作，形成强大的合力效果。参赛学生的独立自主能力培养、创新精神、实践勇气都得到了极大的培养与磨炼。

积极的情感状态有助于激发学生的内在潜能和创造力，前文所述的案例已证明具身德育实践对学生在实践中树立积极乐观心态的作用。实践中的社交与团队合作等环节有助于学生开阔视野，获取新的观点与启示；有助于学生保持积极的情绪状态，躬耕于感兴趣的领域，为实现个人理想抱负主动学习，不断进步。

同时，学生通过努力取得的成果也能为他们带来情绪的正反馈，从而形成良性循环，让他们更乐于投入更多基于真情实景需要的问题探索中。

---

① 谢光辉，张庆林.中国大学生实用科技发明大奖赛获奖者人格特征的研究[J].心理科学，1995（1）：50-51.

五、小结——通过"具身"实现"自强"

自强意识是一种不甘落后、锲而不舍、永不懈怠的道德情感，它关注的是情感和行为产生的全部过程，是知、情、意、行的完整统一。具身理论强调身体活动对思维和行为的影响，主张学生在真实的情境中形成与环境的互动，契合培养自强意识的要求。

通过丰富的实践、活动或者比赛，学生不但发扬了饱满的科学研究热情，更是在学科融合的学习探究过程中，综合素养得到大力发展。通过与"四自"德育理念中自我规划、自主管理和自我实践的教学相结合，学生的职业规划有方向，目标意识强烈；通过合作协调，沟通协作，学生自身的社交能力得到了更大发展，理想的实现之路就在脚下。

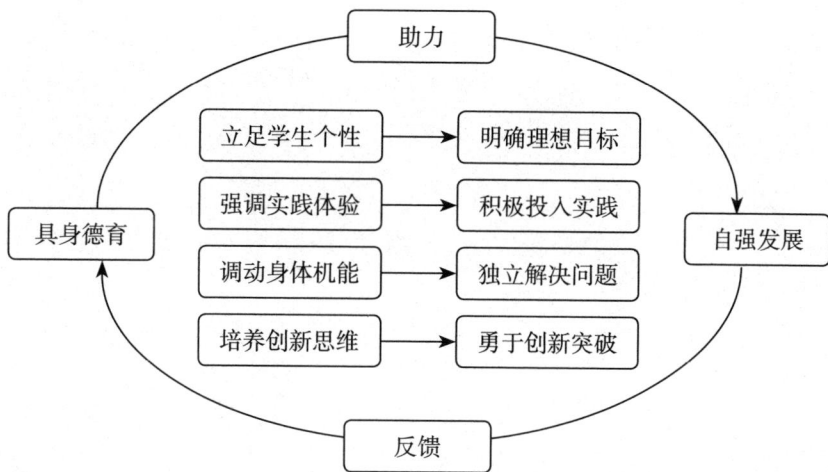

图6-2 具身德育与自强发展关系图

综上所述，通过具身德育的实施，我校学生的自强发展成果显著。学生在实践活动中锻炼了意志力，培养了创新思维，并在实践中实现了自我成长。具身德育与高中德育的结合，不仅提升了学生的综合素质，也为中学德育研究提供了实践成果的参考。

附　录

星光灿烂，逐梦未来

——"四自"德育引领下的学生发展

    青春的天空里，川师附中"四自"德育与"具身"德育观的融合为学生的个人成长点亮了耀眼的星空。川师附中老师们的深度耕耘与孩子们亲身体验的独立成长，都如同智慧的灯塔，照亮了孩子们前行的道路，引领他们走向丰富多彩的人生。

    在具身体验的成长中，学生获得的自强发展对他们有终身性的意义。具身体验让学生的个体潜能被充分激发，使他们得以更从容地应对未来人生中的各项挑战。在我校"四自"德育的培养下，我校学生离开校园后在各领域持续深耕，独立自强取得了丰硕的成果。在高中三年的旅程中，孩子们不仅收获了智慧的果实，更在德育的熏陶下，实现了自我的终身发展。在这注重实践与体验的德育历程中，孩子们在学术、艺术、科技、社会实践等各个领域都闪烁着属于自己的熠熠光芒。这是我校高中德育工作的结晶，更是他们终身全面发展的有力见证。

    现在，让我们走进这条星光长廊，共同见证孩子们成长的足迹。我们感恩川师附中德育的成长与启示，也期待着在未来的岁月中有越来越多的孩子在亲身实践的滋养中，书写更精彩的人生篇章。

董昕烨 ——从川师附中走向世界

简介： 董昕烨，川师附中高2012届毕业生，对外经济贸易大学经济学硕士，2018年获国家奖学金、两次赴联合国全球契约组织参加亚太地区青年交流论坛，2019年获对外经济贸易大学优秀毕业生，现就职于北京市海淀区政府。

感言： 岁月不居，时节如流，转眼已是十二年光阴。回顾来时漫漫求学路，祝愿学弟学妹们能在天地间勇毅前行，向下扎根、昂扬生长。

向下扎根，要磨韧劲、蓄实力。高中三年一定不是人生中最重要的三年，但一定是在决定人生发展方向上投入产出比最高的三年。学习的困难是生命长河里最小的困难，是靠内驱力就能克服的困难。在保持韧劲中塑造心性，在磨炼意志中积蓄实力，这将是我们未来面对除学习之外所有艰难险阻的底气。

昂扬生长，要稳内核、阔格局。一切都是最好的安排！或许你正在经历着一些不那么顺心如意的时刻，学会正向思考，培养稳定的情绪，就一定能从中获得源源不断的积极反馈。同时一定要把目光放得更长远，不拘泥于"小我"沉浮的一时得失，多为他人考虑，让自己成为优秀群体的一分子，努力去看更广阔的世界。

最后，永远要记住川师附中所赋予我们的气质与魄力，它终会成为前行路上最好的心灵慰藉与力量源泉。

廖辞霏 ——《我的第一本中国地理启蒙书》

简介： 廖辞霏，川师附中高2018届毕业生，天津师范大学地理与科学学院2018级地理科学（师范）专业本科生，连年获得特等奖学金，地理与科学学院学生会主席团成员。自媒体创业公众号"小龟的城市山脉"以"小龟"的身份活跃在自由创作者之中。于2021年3月出版个人著作《我的第一本中国地理启蒙书》。

感言： 在川师附中高中部学习的这三年，是艰苦而甜蜜的，也是精彩且丰盛的。高中的时候就很喜欢读书、写文章，经常受到老师们的赞扬与鼓励；如今，我真的成了一个写书的人。希望自己未来能够创造出更多优秀的作品，祝愿川师附中学子都能找到自己热爱的生活！

钟海冰 ——深耕交通优化算法

简介： 钟海冰，川师附中高2018届毕业生，于北京航空航天大学交通运输专业攻读硕士，从事交通优化算法相关的研究工作。

感言： 高中三年是我人生中最难忘的快乐时光，母校教给我的不仅是知识，还有坚韧、自律和不断探索的品质，这些东西时至今日还在不断地影响着我。感谢母校和老师们的教诲，我将带着母校和老师们对我寄予的厚望，为学校争光。

钟 洋 ——仰望星海

简介： 钟洋，川师附中高2018届毕业生，于浙江大学攻读电子信息硕士，研究方向星图识别。

感言： 回顾高中三年，附中的生活总是让我怀念，单调但是纯粹。到了大学就不一样了，选择多了，自由感更强，但这份自由中也掺杂着很多对未来的考量。希望未来大家都能笃定内心，以开放和理性的姿态去面对各种选择，从而成长。

陈虹宇 ——在人工智能技术前列

简介： 陈虹宇，川师附中高2019届毕业生，就读于U. S. News世界排名第六的华盛顿大学，目前跟随教授一起研究基于大语言模型和检索增强生成等技术。

感言： 虽然在高中阶段分数就是一切，但进入大学后你们会发现学习能力其实更重要，所以希望大家不要成为刷题的机器。十八岁的汗水的确可贵，但十八岁天马行空的思想才是你们最大的财富。在未来这个AI当道的社会，通过极强的学习能力不断在某个领域精益求精并创造新的思想才是人类的优势。

♥▶ 崔思捷 ──不断追求卓越

简介： 崔思捷，川师附中高2019届毕业生，在电子科技大学与格拉斯哥大学（University of Glasgow）联合办学的电子信息工程专业完成本科学业，并荣获电子科技大学优秀毕业生称号及格拉斯哥大学一等荣誉学位，五次获得两校的奖学金。目前在美国卡耐基梅隆大学（Camegie Mellon University）电子与计算机工程专业攻读硕士学位。

感言： 对于在川师附中度过的三年，我怀有无尽的感激与珍惜。我衷心感谢母校在学术和生活上给予的指导与支持，感谢老师们的悉心教导和同学们的相互激励。我将继续秉承附中的精神——立志、勤奋、诚实、尚美，不断追求学术与人生的卓越。

最后，我要向学弟学妹们表达我的诚挚祝愿：愿你们自信地迈向未来，续写川师附中的辉煌篇章！

♥▶ 陈嘉业 ──与数字共拓前路

简介： 陈嘉业，川师附中高2019届毕业生，本科以及研究生期间均就读于华东师范大学统计学专业，曾获华东师范大学优秀学生奖学金等荣誉，目前正进行硕博连读硕士阶段的学习，主要研究方向：非参数统计、机器学习理论、生物信息等与统计、大数据领域相关方面。

感言： 回首过去，我个人的发展很大程度上得益于川师附中对我的培养。"捧着一颗心来，不带半根草去"是川师附中教师最真实的写

附录

照，他们不仅很好地传授给我具体的知识，还给我们每一位学生带来了欢乐与成长。特别要感谢以我的班主任朱小丹老师为代表的所有教过我的老师们，在许多我感到沮丧和有压力的时刻，都有他们同我耐心地交流并以活泼可爱的性格触动、鼓励我不断进步。

希望学弟学妹们能继续发扬川师附中的优良传统，在高考中取得自己理想的成绩，从川师附中出发抵达自己所向往的终点。也祝愿母校越来越好，老师们工作顺利，身体健康！

❤️ 周子雅 ——走在捍卫知识产权的路上

简介： 周子雅，川师附中高2019届毕业生，在上海大学知识产权专业完成本科学业，在校期间积极参与学校组织的各项活动，其中荣获"百一杯"2022知识产权案例概要（裁判规则）撰写比赛二等奖，并且曾在上海市宝山区人民法院实习。目前在波士顿大学攻读法学硕士项目，专注于深入研究知识产权领域。

感言： 虽然已经离开母校多年，但我始终铭记着在川师附中度过的美好时光。回忆起高三那段艰辛但充满温情的时光，老师们的耐心指导与关怀、胡校长对每一位学生的关心备至，以及同学们之间的相互激励，都成为我不断前行的动力。

未来，我将继续秉承川师附中精神，不断追逐我的人生梦想。在此，我衷心祝愿学弟学妹们：关关难过关关过，旗开得胜，金榜题名。

❤️ 陆嘉杰 ——探寻基因的奥秘

简介： 陆嘉杰，川师附中高2021届毕业生，就读于国防科技大学（以下简称国防科大）理学院生物技术专业。在校期间参加多个重要竞赛与大创项目，并于2023年获得国际基因工程机器大赛全球金奖。

感言： 感谢我的母校川师附中的悉心栽培，使我有幸进入国防科大求学，相信在国防科大提供的优秀平台上，我能通过自己的努力实现自己在科研上的梦想，为生物技术的发展应用贡献自己的点滴力量。

❤ 王泽平——多元领域全面开花

简介： 王泽平，川师附中高2021届毕业生，就读于电子科技大学。依托电子科技大学信息与通信工程学院光纤传感与通信教育部重点实验室平台，以第一作者身份在国际电磁学顶级会议PIERS上发表会议论文一篇，并在大会上做口头报告，在Nature Communications等期刊上发表、在审、投递期刊论文三篇（均为JCR-1区），总影响因子＞20。已公开发明专利两项。荣获全国大学生FPGA创新大赛国家三等奖，"挑战杯"全国大学生课外学术科技作品竞赛省级一等奖，结题全国大学生创新创业训练计划省级立项项目《集成双光梳游标光子雷达》。参与电子科技大学"星能量"啦啦操队，荣获CCA全国啦啦操竞赛全国一等奖。参与2023年格拉斯哥海南学院迎新宣发工作，在学院老师和同学的积极配合下，完成了《后浪入海·格外精彩》等宣传片的制作，并在开学典礼上播放。同时也是电子科技大学校辩论集训队成员，参与电子科技大学对外多项赛事活动，获得华语辩论世界杯成都赛区季军，"成电杯"季军以及单场最佳辩手等称号，同时多次担任校内外比赛评委等。

感言： 非常感谢川师附中对我的悉心培养。我到现在都十分钦佩胡校长的敬业精神，能记住每一届学生的名字，和高三的同学同甘共苦。感谢班主任章松老师对我的宽容。高中我是一个十足的调皮捣蛋的家伙，承蒙恩师"不弃"，刚柔并施的教育手段，让我在性格等方面有所成长。数学康老师和物理杨老师在学业上对我的帮助颇大，从他们的身上我看到了对于专业的热爱，很感谢他们能培养我在数学和物理领域的兴趣，为我在通信领域继续深耕打下坚实的基础。很遗憾，要给化学徐老师和生物欧阳老师道一声抱歉，进入大学后我并没有选择继续学习化学和生物相关的知识。但我还记得高中我有点喜欢抬杠，而且这两门学科的成绩最开始也不理想，但是在二位老师细心温柔的指导下，后来成绩逐步提升。英语MayMay老师，我作为高中英语让您恼火的人之一，没少给您添麻烦，希望不要再生我的气了。最后很感谢我在高中遇到的每一位老师（还有陈校长、何老师，等等）给予我的宽容和温柔，激励和鼓舞，很多时候在遇到困难之时，有一段关于川师附中的回忆可以取暖，支持着我继续走下去。

未来，拟保研至电子科技大学信息与通信工程学院光纤传感与通信教育部重点实验室继续深造。将求实求真、大气大为的思想，立志、勤奋、诚实、尚美的精神，散播给更多的青年。也欢迎更多的学弟学妹加入电子科技大学的大家庭。

王怡然 ——未名湖畔的无限可能

简介： 王怡然，川师附中高2015届毕业生，2015年考入北京大学，现为北京大学在读博士生。

感言： 在这里我想对学弟学妹们说三句话：一是希望你们能够好好学习。高考对绝大多数人来说都是一次改变命运的机会，也自然成为高中阶段最重要的事之一，多年过去我仍然感谢在高中努力学习的自己，因为我确实通过高考进入了一个不错的大学而看到了更精彩的世界。希望你们能珍惜高中学习的时光，考入心仪的大学。二是不要拒绝自己的可能性。高一、高二的我似乎从未考入过年级前十，也并没有被认为是一个"好苗子"，但我从不给自己设限，而是乐意看到自己每一次的进步。希望你们也能不断突破自己，一切皆有可能。三是不要害怕困难与痛苦。回过头来看这些经历过的困难与痛苦往往能令你成长，所以无论你们在当前面临什么困难，希望你们能咬咬牙坚持过去，就会看到不一样的风景。

最后希望你们也能明白高考不是人生的全部，你们在未来还有很长的路要走。北京大学没有校训，校园里的湖也叫未名湖，要知道成功有多种形式，你们的人生也有无限种可能，祝愿学弟学妹们能够在战胜高考后，看到更广阔的天空。

❤️杨思纯 ——努力的日子会发光

简介： 杨思纯，川师附中高2016届毕业生，四川大学法学学士，乔治城大学法学硕士（国际仲裁和争议解决方向证书），已取得国家法律职业资格证书A证。就读期间多次获得校级奖学金，2019—2020年主持四川大学国家级大创项目（《电商法》背景下C2C微商交易中消费者权益保护实证研究——以西南地区五所高校为样本），代表学校参加2021年国际投资仲裁深圳杯（FDI Moot Shenzhen）比赛，现从事律师行业。

感言： 时间如白驹过隙一般，转眼已是近八年的光阴。前段时间有幸回校看望老师时，看见十六七岁的学弟学妹，你们就像是一股股清风在狮子山上飞扬，我心里不禁感叹"这就是最好的年纪"。少年二字没有偏旁，要相信你们自己便是华章。在此，谨以川师附中一名普通学子的身份向你们表达我的祝愿。

希望你们认真过好在这里的每一天，要相信努力的日子会发光。在每一次因为一次考试的退步而沮丧时，要记得这世界上没有白走的路，每一次的投入和努力其实都会有回声，只不过你在此时此刻不一定能听到，慢慢来，会上岸的。另外，厌学情绪时常有，及时调节为必要，多坚持一下就会发现"轻舟已过万重山"。

希望你们执着于理想，纯粹于当下。要记得在川师附中提供的丰富课外活动中尽情探索和发现自己的各种可能，认识自己、和自己相处是人一生的重要课题。高中时参加的模拟联合国活动是我在国际法学习道

附录

路上最初的启蒙。梦在前方，路在脚下。戒骄戒躁，踏踏实实读书，认认真真走好每一步。追风赶月莫停留，平芜尽处是春山。

最后，希望在川师附中的这段成长记忆会是你们日后心灵栖息的港湾，也别忘了，常回来看看！

❤蒲嘉欣——在司法领域继续闪耀

简介： 蒲嘉欣，川师附中高2015届毕业生，厦门大学国际法学硕士，2017年赴台湾政治大学交换，2020年、2021年代表厦门大学参加"杰赛普"国际法模拟法庭，均获得全国二等奖。现就职于中兴通讯股份有限公司。

感言： "想要"和"得到"中间还有两个字，叫作"做到"。"想要"就是确定目标。对于青年人来说，目标不怕太高远，就怕太保守。高远的目标可以落地成一个一个的里程碑、周计划、每日待办，重点在于选择对的方向。"做到"就是执行力。执行力是一种认知，明白道理，但做不到、落实不了，本质上就是认知没有到位。因此，当我们学习每门课程，刷每一套卷子，复盘每一次考试的时候，都应该开拓思维，从"是什么"到"为什么"，再到"怎么做"，坚定不移地把目标执行准确、到位。"得到"是最终的成果，也是下一阶段的开端，高考不是人生的终点，而是成年的起点。我们不可能一下子得到所有，但我们可以一步一步走向我们应得的未来。

To be is to do. 有为而在。希望我们都能够树立起面对生活的勇气，用自己的行动主动创造命运，敢于成为理想的自己。

❤王鑫豪——探索奇妙化学世界

简介： 王鑫豪，川师附中高2021届毕业生，目前就读于香港中文大学（深圳）化学专业，师从于中国科学院院士黄乃正先生，与彭小水教授，从事复杂活性天然产物全合成研究，并在Chemical Science上发表文章。

感言：在此给川师附中的学弟学妹们送上一句话"于高山之巅，方见大河奔涌；于群峰之上，更觉长风浩荡！"

胡昊星——奏响中法友谊之歌

简介：胡昊星，川师附中高2019届毕业生，本科就读于上海交通大学巴黎卓越工程师学院，并保研本校。主要研究质子交换膜燃料电池，主要致力于研究低铂化PEMFC膜电极的传质现象。在校期间被选中在巴黎文理研究大学的MINES Paris Tech，即国立巴黎高等矿业学院进行了为期半年的交换计划。交换期间，作为巴黎中国舞舞团的志愿者，在区政府的演出中负责了行政、宣传、舞台、场务等工作，为中国传统文化的输出尽一份力，促进了跨文化交流与理解。

感言：感谢川师附中给予我全面发展的平台，培养了我扎实的专业基础和综合素养。在这里，我度过了人生中宝贵的三年时光，收获了知识。我将继续努力学习，不断提升自己的综合素质，为祖国建设和发展贡献自己的力量。

学业之路或许会有坎坷，但每一次努力都会为未来的成功铺平道路，走的弯路多了便都是你能走的路。只去想的话就全都是问题，但去做的话就全都是答案，坚持学习，勇敢迎接挑战，相信自己的潜力，祝愿学弟学妹们都能取得出色的成绩！

郭佳昊——在大赛中持续丰收

简介：郭佳昊，川师附中高2018届毕业生。在国际视频检索技术评测TRECVID中，其所在的团队在跨模态视频检索（在几十万个视频中找到和文本匹配的内容）和深度视频理解（理解电影中的人物、动作、地点、剧情）任务中取得了第一的优异成绩，并在ACM Multimedia 2023的DVU挑战赛中获得多个组别的好成绩。

　　感言：这些成绩离不开徐老师和学校的教导和支持。我将秉承学校"立志、勤奋、诚实、尚美"的校训，继续努力为学校争光！

行而不辍，未来可期

——学生发展的心得感想

在川师附中的德育实践中，"具身""四自"不再是冰冷的学术名词，而是化作一缕温暖的阳光，照耀每个渴望成长的心灵。三年的高中生活，孩子们在川师附中的育人沃土上成长，未来可期，繁花似锦。我们也深知家长对孩子们的殷殷期许，老师们带领孩子们共同在这段亲身参与的德育实践中茁壮成长，让全面自主发展这份宝贵的品质伴随孩子一生。

所幸，这是一段双向奔赴的旅程。在川师附中的育人之路上，学校坚持具身德育理念，引领学生与家长共同努力，相互支持，共同谱写着成长的乐章。无论学生还是家长，都在心中满怀感激，即使已经毕业离开校园，也不断给学校寄回充满感恩的信笺，将真挚的寄语献给这个给予他们力量的校园。让我们翻开这些文字，感受收获与感恩的力量，砥砺前进的脚步，携手创造更好的明天。相信无论身在何方的川师附中学子，都将继续行而不辍，未来可期。

附录

沉沙无意也成洲

川师附中高2020届　吴宇桁

个人介绍：吴宇桁，川师附中高2020届火箭班学生。本科就读于中国科学技术大学化学与材料科学学院，专业方向为物理化学。本科期间荣获国家奖学金、优秀学生奖学金金奖，上海大学生化学实验竞赛特等奖、郭沫若奖学金。在Precision Chemistry、Nature Communications上分别发表第一作者文章一篇、共同作者文章一篇。博士即将就读于美国麻省理工学院。

前　言

"沉沙无意也成洲"这句话出自北京大学光华管理学院厉以宁教授的《鹧鸪天》：

> 溪水清清下石沟，千弯百折不回头。
>
> 兼容并蓄终宽阔，若谷虚怀鱼自游。
>
> 心寂寂，念休休，沉沙无意却成洲。
>
> 一生治学当如此，只计耕耘莫问收。

这句话的大意是纵使前方的路漫长坎坷，但只要制心一处，默默耕耘，便能或有所得。求学之路亦是如此，在兴趣的驱动下思考问题、探索未知，实现自我价值，这也是学者的人生态度和价值观。

心不苦则智不开

我和川师附中的故事开始于2017年秋天，那时的我还是一个青涩懵懂的少年，在追梦的途中与川师附中结缘。有人说"选择了附中，就是选择了一条艰苦奋斗的成功之路"。是的,在川师附中,我学到的第一课就是"天行健,君子以自强不息"。高中三年里,我向着高考的目标不断奋进,其间无论多少挫折,多少磨难,我都昂首向前。这种精神,一直延续到了我的本科阶段,并成了我逐梦之路上的灯塔。

在我刚进入本科的时候,我的成绩、实力并不出众。班级中的同学大多有竞赛基础,且他们在高中期间就学习了部分大学化学课程的内容,在这样一个高手云集的环境中,压力是在所难免的。我能明显感觉到自己与英才班尖子生之间的差距,他们不仅能更快地掌握新知识,同时也非常努力。这让我一度陷入焦虑与彷徨。

不过幸运的是,尽管我曾经痛苦过、彷徨过,但我却始终没有停下前进的脚步。或许正是在川师附中养成的习惯,让我在逆境中能够保持清醒,抬起头向着前方的目标不断追赶。尽管在此期间我十分疲惫,但我能明显感觉到自己的学习能力在逐渐提升。经过大二一学年的努力,我终于找回了自信,找到了前行的路。大三期间,我选择了广泛修读培养方案之外的课程,以拓宽自己的眼界,同时报名参加了上海大学生化学实验竞赛。这些经历让我的学习能力、思维方式以及时间管理都有了很大的提高。我不仅拿到了学校最高奖学金——郭沫若奖学金的评选标准,还获得了上海大学生竞赛特等奖。此外,我还收到了来自哈佛大学、莱斯大学的暑研项目的录取通知和自己的第一篇第一作者文章发表的好消息。

心不苦则智不开,心不死则道不生。只有经历过风雨,才会动心忍性,于是能增益其所不能。

路到穷时行未止

学无止境,不论是在学习还是在科研中,对未知事物保持探索的欲望都是一种良好的自我修养。在川师附中时,我便养成了勤于思考、敢

附录

217

于探索的习惯。这种品质无论是在学习上还是在科研中，都至关重要。

在我完成我的第一作者文章过程中，我曾遇到过很多问题，其中最难解决的一个问题是为什么通过改性之后的催化剂比原来的性能要好很多。为了解开这个疑惑，我自学了计算材料学，并通过使用第一性原理计算，给我所研究的体系找到了一个合理解释，该文章也顺利发表在了Precision Chemistry上。另外，为了更进一步研究复杂情况下的异催化界面，我在之后对不同异相催化体系，如热催化气/液界面、电催化固/液界面、燃料电池固/液/气三相界面、相转移催化液/液界面都进行了实验观测和模型假设，这些探索也让我在未来的科研道路上更加自信。

路到穷时行未止，迈过了雄关漫道，自然会不惧艰难险阻，惯看风雪。

沉沙无意也成洲

还记得在高三的时候，我的班主任尹铖老师曾说过："真正优秀的学生，到了大学之后，会更加努力的，因为到了大学，他们可以全身心地投入他们感兴趣的领域中"。三年前的我，怀着对计算机的兴趣、抱着自我的挑战，选择了辅修计算机学位。然而修读辅修学位必然会对学生的学习能力和时间管理提出更高的要求。我不仅需要面对主修专业的竞争以及科研的任务，还需要额外投入精力到计算机课程的学习中。

刚开始的时候，辅修的学习还比较轻松，但随着课程内容的加深，新鲜感逐渐褪去，随之而来的是枯燥乏味的知识点记忆和代码书写。为了缓解枯燥，我开始尝试使用自己所学的知识去做一些尝试，例如通过编写html脚本，制作自己的个人主页，以及通过数字图像处理技巧来处理照片。这不仅给我提供了学习的动力，还进一步加深了我对计算机科学的理解。这也让我在做辅修毕业设计时敢于选择一个非常具有挑战性的课题：机器学习在材料科学中的应用。我在毕业设计中，以我的主修学科——化学为背景，探索机器学习如何对材料科学的研究进行辅助与指导，以及这些唯象的方法如何解决第一性原理研究中的问题。毫无疑问，我前期学到的计算机知识为我的毕业设计带来了极大的帮助，并且在我申请国外博士的时候，也帮助我获得了麻省理工学院材料科学与工程学院的录取。

厚积而薄发，宁静而致远，有耕耘而收获随之矣，故曰：沉沙无意也成洲。

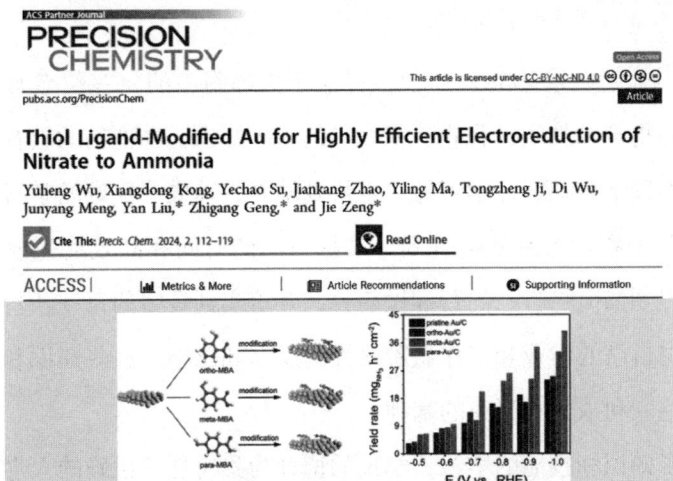

图1　吴宇桁获奖证书

情系母校，情寄母校

川师附中高2017届　沙斌竹

　　我是川师附中2017届的毕业生沙斌竹，本科毕业于北京航空航天大学软件工程专业，现在清华大学深圳国际研究生院继续研究生阶段的学习和研究，同时在一家互联网头部公司实习。作为川师附中的一位学子，我深感自豪和荣幸，在川师附中的校园里我经历了无数的成长和收获，回想我当下获得的这些成绩，无不与高中时建立起的自律自强的品格相关。

　　在川师附中求学的三年中，得益于川师附中的每一位老师勤勤恳恳、悉心指导和鼓励，我收获了扎实的基础知识，在他们的教育和帮助下，我不仅学会知识，学习能力也得到培养，养成了良好的学习习惯。在川师附中我学习到如何规划、掌握自己的时间和高效地完成各项任务；学习到如何将自己的目标做切分，并落实到具体的每一项行动中；学习到对自己的学业和工作做阶段性的反思和总结。这些知识和技能成为我日后顺利求学和研究的基础。

　　除了知识和技能的学习，学校的德育为我树立了正确的人生观和价值观。在川师附中的老师引领下，我坚持对真善美的追求，努力成为一个正直的、对家庭和社会有用的人；在川师附中我建立了科学的世界观，开始进一步地探索世界，思考这一生要成为什么样的人，过怎样的人生，并进行职业生涯的规划，收获了内心的成长和品德情操的培养。

还要特别感谢川师附中各位老师对我们的关心和照顾，无论是生活上还是学习上。当我因成绩下滑心情低落和不自信时，班主任王老师以及各科任教老师，还有胡校长，都一直鼓励、鞭策我，及时地找我沟通，了解我的学习状态，给我建议，为我鼓气。正是各位老师对我的帮助、教诲和期待，让我在高中时代建立了自信心和上进心。这在此后的学习生活中一直激励着我不断前进。他们不仅传授知识，更是给予我无尽的支持和鼓舞，正是有了他们的帮助引导，我才能不断突破自我，追求更高的目标。

母校对我来说是一个温暖的家园，是我成长的摇篮。回想在川师附中度过的三年高中时光，我收获了知识，培养了学习和思辨能力，结识了许多良师益友，得到了许多的帮助，逐渐形成了完整的人格，一步步地接近了更理想的自己。我将永远怀念在川师附中怀抱里度过的青春时光，感激母校给予我的一切。

图2　沙斌竹本科毕业证和研究生录取通知书

写给川师附中的学弟学妹们

川师附中高2008届熊亮

川师附中的学弟学妹们好，我是高2008届的学长熊亮。

还记得小时候，老师问我们长大后想做什么，班上一半的同学都说想当科学家，我也是其中之一。

从川师附中出来之后我便来到了北京大学生命科学学院，从本科、博士到如今的博士后，一路走来始终坚持在科研的道路上。在外人看来，科研往往代表着枯燥单调的生活与日复一日的重复，事实上也确实如此。而在千百次的失败之后，那突破性的成功，那拓展了人类知识范畴的成就感与使命感最激动人心，这也是我在科研道路上一直坚持下来的主要动力之一。好奇心是人类的天性，每个人在孩童时期都充满了对未知世界的渴望，对知识的渴望，然而，很多人在学生时期，在一次又一次考试中将这份好奇心消磨殆尽。我认为科研生活和学生生活有很多的相似之处，我们不应把考试作为学习的目标，它只是一种检测学习效率的手段，真正推动我们学习的应该是对未知知识的好奇心，以及学成后的满足感。

图3　熊亮获奖证书

除了自身的原动力外，环境也是很重要的影响因素，这点我很庆幸能在川师附中度过我的中学时光。很多人会觉得川师附中不如"四七九"〔指成都七中、树德中学（九中）、石室中学（四中）〕名气大，但有时候名气大不见得都是好事，往往还会成为一种压力、一种负担。当别人都对你抱有很高期待的时候，你学习的动力将不再是满足自己的好奇心，而变成了满足别人的期待，长此以往难免会失去学习的乐趣，学习将变得无比痛苦。我非常喜欢川师附中那相对轻松的学习环境，特别是高三时期还强制让每个人都必须上体育课和午睡，贯彻了劳逸结合的理念。

在专业的选择上，都说21世纪是生命科学的世纪，因此我在高考填报志愿时选择了生命科学专业，在这么多年的学习之后，我愈发感觉到这句话的正确性，继工业革命与信息技术革命之后，医疗健康即将是人类社会下一次爆发技术革命的领域。现在整个生命科学领域渐渐从基础研究慢慢转向了临床应用，而我所深耕的干细胞与再生医学也与临床医学息息相关。在与医院合作开展的临床项目中，看着患者在自己的帮助下逐渐恢复健康，这种成就感是任何其他行业都无法媲美的。我不是号召学弟学妹们都来报考生命科学专业，但我希望你们将来不论在任何领域、任何岗位上，都能运用你们所学的知识，你们的创造力，去推动人类文明的进步，哪怕只是微小的一步。

最后，我还是要再次提醒学弟学妹们，在川师附中一定要快乐地度过学习时光，同时获取知识、训练思维、培养专注力、锻炼社交能力等。考试成绩只是其中一部分，永远不是也不应该是你学习生活的全部。祝所有学弟学妹们都能在川师附中打下扎实的基础，在将来的学习生涯中锻炼足够的能力，为人类文明的前进贡献自己的一份力量。